음주운전·공무집행방해 구공판 공소장 의견서 실무지침서

음주운전 공무집행방해
의견서 작성방법

편저 : 대한법률콘텐츠연구회

(콘텐츠 제공)

해설 · 최신서식

법문북스

머 리 말

술을 많이 먹을 경우 본인의 생각보다 전혀 다른 일을 저지르고 술을 원망하는 분들이 많습니다. 술도 하나의 음식입니다. 그런데 술을 마신상태로는 실수를 할 수도 있습니다.

그런데 술이라는 음식은 약한 성격을 가지고 있는 분은 강해질 수 있고 이것이 지나치면 더 큰 사고로 이어질 수 있기 때문에 술을 마신상태로 규제하는 것도 다 지나친 음주 때문입니다.

어떤 분은 술을 마시지 않으면 사람이 그렇게 좋고 법이 없어도 사는 분인데 술만 먹으면 실수를 많이 하고 툭하면 성질을 부리고 다른 사람과 시비가 되어 몸싸움까지 번지고 심지어 하지 않았던 운전을 하는가 하면 공무중인 경찰관과 시비가 되어 몸싸움하고 결국 법정에 서서 재판까지 받는 분들이 굉장히 많은 편입니다.

술도 음식이기 때문에 지나치지 않으면 보약입니다. 우리가 맛있는 음식은 과욕을 하는 것과 같이 술도 양을 절제할 줄 모르면 꼭 사고가 터집니다. 많은 분들은 술로 인하여 재판에 서는 일이 생기는 주장도 같고 호소하고 도움을 청하는 레퍼토리는 대부분 같습니다.

자신의 잘못은 아랑곳하지 않고 술을 마셨기 때문에 대부분 불리하다고 생각되는 것은 무조건 술 뒤에 숨어서 기억이 없다고 술에 취해서 모르겠다고만 둘러대고 조금이라고 유리하다고 생각이 들면 앞으로 돌진합니다.

술 마시고 무슨 실수를 할 수도 있습니다. 그렇다고 여러 번 실수하면 그 실수는 이제 습관으로 취급을 받고 점점 내가 하는 말은 어떤 사정이 있다하더라도 믿어주는 사람이 없어집니다.

세상을 살다보면 혼자만 힘든 일이 생기지 않습니다.

인간이 태어나서 잠자는 시간 빼고 몸이 불편해서 병원에 가고 치료받고 수술하고 입원하는 것을 뺀다면 진정으로 사는 삶은 얼마 되지 않습니다.

술로 인하여 형사사건이 발생하면 처음에는 봐 줍니다. 두 번째는 잘 봐주지 않습니다. 술로 일어난 사고는 두 번째는 불구속 구공판으로 회부하여 형사재판을 받게 합니다. 불구속 구공판은 당장 구속을 면했기 때문에 대수롭지 않게 생각하고 안일하게 대처하는 분들이 굉장히 많은 편입니다.

검사가 수사한 결과 피의자에 대한 유죄로 인정된다고 판단하는 사건 중에서 벌금형으로 처단할 수 있는 법조항이 없고 피의자가 범행에 대해 인정하고 있고 도주나 증거인멸의 우려가 없다고 판단하고 불구속 구공판을 청구한 사건입니다.

구속만 되지 않았을 뿐이지 구공판에 회부된 사건은 중범죄로써 안일하게 대체하였다가 법정에서 구속되는 사례가 많습니다. 법정구속은 당장 구속은 되지 않았다는 생각만으로 안일하게 대처하여 이루어진 것입니다.

공소를 제기하는 검사는 관련 증거자료가 모두 수집되어 있으므로 피고인을 유죄를 입증하는 데 확신하고 공소를 제기한 것이므로 피고인으로서는 정말 신중하게 생각하고 검사가 작성한 공소장을 읽고 공소사실이 사실과 다른 경우 적극적으로 대응하여야 합니다.

형사재판은 피고인이 법정에서 재판장이 보는 면전에서 하고 싶은 말을 일일이 말로 할 수 없으므로 의견서를 통하여 재판과 관련하여 피고인이 하고 싶은 말을 의견서에 기재재하여 재판장 앞에 놓고 일대일로 사건과 관련하여 대화한다는 생각으로 의견서를 잘 작성하여야 효과적이고 억울함을 해결할 수 있는 유일한 방법입니다.

본서는 음주운전이나 공무집행방해 혐의로 형사재판을 앞두고 있는 모든 피고인들은 스스로 자기의 사건에 대하여 의견서를 만족하게 작성해 재판부에 제출하고 이번 사건에서 좋은 결과를 얻어 완전히 벗어나시려면 재판장의 심증을 움직이는 데 초점을 맞추고 논리적으로 의견서를 작성해 제출하시면 좋은 결과를 얻을 수 있습니다.

감사합니다.

편저자 드림

차 례

음주운전
공무집행방해

제1장 음주운전

만취(술에 취함)한 상태에서 자동차 등을 운전하는 것으로 음주운전을 하였을 경우에는 어떤 사고가 발생하지 않았다 하더라도 도로교통법 제44조 제1항에 의하여 별도의 처벌을 받게 되어 있습니다.

음주운전으로 적발된 경우에는 첫째, 민사적 책임 둘째, 형사적 책임 셋째, 행정적 책임이 뒤따르는 데 구체적인 내용은 아래와 같습니다.

1. 민사적 책임

음주운전을 하다가 1회 적발된 경우에는 10%, 2회 적발되면 20%에 해당하는 자동차보험료가 할증됩니다. 또한 음주운전으로 교통사고가 발생한 경우에는 종합보험에 가입되었다 하더라도 사람이 다치면 300만 원, 차량 등에 손괴가 발생하면 100만 원의 자기부담금을 부가하는데 이를 실무에서는 '민사적 책임' 이라고 합니다.

2. 형사적 책임

음주운전의 경우 도로교통법에 의하면 음주운전 규정을 1회 이상 위반한 사람에 대해서는 2년 이상 5년 이하의 징역 또는 1,0000만 원 이상 2,000만 원 이하의 벌금에 처하며, 혈중 알코올농도가 0.2% 이상인 사람에게는 2년 이상 5년 이하의 징역 또는 1,000만 원 이상 2,000만 원 이하의 벌금에 처하도록 규정하고 있습니다.

혈중 알코올농도가 0.08% 이상 0.2% 미만의 사람에게는 1년 이상 2년 이하의 징역 또는 500만 원 이상 1,000만 원 이하의 벌금에 처하고 혈중 알코올농도가 0.03% 이상 0.08% 미만의 사람에게는 1년 이하의 징역 또는 500만 원 이하의 벌금에 처하는 것을 실무에서는 '형사적 책임' 이라고 합니다.

3. 행정적 책임

음주운전으로 적발될 경우 행정처분도 같이 받도록 돼 있습니다.

음주운전의 기준에 따라 일정기간 동안 운전면허가 정지되거나 운전면허가 취소됩니다. 또한 상습적인 음주운전자를 예방하고 가중처벌하기 위해 음주운전에 대한 삼진아웃제가 시행되고 있습니다.

형사상 삼진아웃제도는 상습적인 음주운전자에 대한 형사처벌을 강화하기 위해서 제정되어 3년 이내 2회 이상 음주운전 전력자가 또 음주운전을 하다가 적발되면 무조건 구속 수사를 하고 있습니다.

행정상 삼진아웃제도는 상습적인 음주운전자에 대한 행정처분을 강화하기 위하여 제정되어 음주운전으로 2회 이상 운전면허 행정처분(정지 또는 취소)를 받은 사람이 다시 음주운전으로 적발되면 운전면허를 취소하고 2년간 운전면허 시험에 응시할 자격을 박탈하는 것을 실무에서는 '행정적 책임' 이라고 합니다.

제1절 불구속 구공판

　음주운전으로 적발되어 불구속 구약식 처분이 있기 전에 다시 음주운전(정지도 포함됩니다)를 하면 불구속 구공판으로 회부됩니다. 예를 들어 음주운전으로 적발된 사건이 면허정지 수치라고 하더라도 이번에 적발된 사건이 면허정지 수치라고 하더라도 동종범죄를 한 그 자체의 죄질을 좋게 보지 않습니다.

　자숙하지 않고 또 음주운전을 한 것이라면 방치할 경우 대형사고로 이어지는 확률이 아주 높기 때문에 불구속 구공판으로 회부하여 형사재판을 받게 하는 것입니다.

　초범의 경우 검사가 벌금형으로 약식기소를 청구하면 사건번호가 몇 년도 고약이라고 하지만 2회 이상 음주운전으로 적발된 경우 검사가 벌금형으로 할 수 없는 경우 불구속 구공판으로 회부하면 무거운 형이 선고될 수 있고 피고인에게 징역형을 선고하고 법정 구속하는 엄청난 일이 일어나기도 합니다.

제2절 공소장 의견서

음주운전으로 1회 적발된 경우에는 사고가 없으면 검사는 불구속하여 법원에 약식명령을 청구하고 2회 이상 음주운전으로 적발되었거나 사고가 있는 경우 거의 불구속하여 정식재판을 청구하는 불구속 구공판을 청구합니다.

불구속 구공판으로 공소가 제기된 경우 법원은 지체 없이 공소장의 부본과 의견서 그리고 필요적 변호사건이므로 국선변호인선정청구서를 동봉하여 피고인에게 발송하고 7일 이내에 의견서를 제출하게 하는데 이를 음주운전 '공소장 의견서' 라고 합니다.

제3절 공소장일본주의

공소장일본주의라는 것은 생소한 용어로 이해를 못할 수도 있겠지만 공소장일본주의는 법관이 미리 수사기록이나 증거서류 등을 보고 피고인의 범죄를 예단할 수 없도록 하기 위하여 검사가 공소를 제기할 때는 공소장만 법원에 제출하게 하고 기타의 서류 등의 증거물은 일체 첨부할 수 없기 때문에 법원에서는 피고인에게 공소장의 부본을 발송하고 공소사실에 대한 인부를 묻고 공소사실에 대해 피고인이 어떤 생각을 하고 있는지를 적어내게 하고 양형자료로 삼기 위해서입니다.

재판장이 어떠한 선입관이나 편견을 가지지 않게 하고 피고인이나 검사의 주장과 입증은 모두 공판정을 통하여 하게 하여 법관으로 하여금 백지의 상태로 공판을 임하게 하려는 목적이 있습니다.

제4절 의견서 작성요령

　음주운전 의견서는 공소사실을 부인하고 무죄를 주장하는 것이 아니라면 음주운전으로 형사재판을 통하여 선처를 호소하고 다시는 이와 같은 음주운전을 하지 않을 것이라는 의지를 담아내야 합니다.

　재판장 앞에 서서 음주운전으로 불구속 구공판을 받는 피고인들은 모두 같지는 않겠지만 처음으로 적발되었고 사고가 있었거나 사고는 없었지만 여러 번 반복하여 음주운전으로 적발된 사람이나 음주운전을 한 것은 같지만 처벌 수위가 다르고 제 각각 이유는 있겠지만 문제는 당해 사건에 대하여 판결을 선고하는 재판장으로서는 음주운전을 한 사람은 또 용서를 하고 선처를 해도 다시 음주운전을 할 것으로 낙인이 찍혀 있습니다.

　다시는 음주운전을 하지 않을 것이라는 확신이 서지 않으면 안 봐주기 때문에 피고인은 위험합니다. 의견서에서 처음부터 선처를 호소하고 봐달라고만 하면 절대 재판장은 봐주지 않습니다. 봐달라고 하기 이전에 음주운전에 대한 진지한 반성의 모습을 보이고 다시는 음주운전을 하지 않을 것이라는 확실한 의지를 먼저 의견서에 표출한 다음 봐달라고 해야 봐줄 수 있습니다.

　음주운전은 한 번 봐주고 또 용서를 받은 사람이 똑같은 주장으로 아무런 변화도 없이 또 봐달라고만 하면 이제는 재판장이 봐주지 않습니다. 이러한 정도의 피고인에게는 방법이 없습니다. 방법을 무시하고 계속해서 지금까지 자주 거론해 왔던 주장만 되풀이하면 법정에서 잘못될 수밖에 없습니다.

　수도 없이 선처를 받은 분이 같은 모습으로 재판장에게 다가가면 위험합니다.

이번에 봐주면 또 음주운전을 할 것으로 보이고 그 말만 되풀이하면 신뢰할 수 없으므로 법관이 이제는 안 봐줍니다. 차라리 음주치료를 받을 수 있도록 한 번만 더 기회를 달라고 호소해야 맞는 것입니다.

경험이 있더라도 의견서를 아무리 잘 작성해도 그 의견서만으로는 해결할 수 없습니다. 가까운 곳에 있는 내과의원으로 가서 술을 먹지 않으면 심적으로 불안하고 살 수가 없다며 여러 차례에 걸쳐 음주치료를 받고 그 진료기록을 의견서에 원용하여 말미에 첨부하고 음주치료를 꾸준히 받을 수 있도록 한 번만 더 기회를 달라고 진심으로 호소를 하면 법관은 이제야 피고인이 음주운전을 하지 않겠다는 확신이 서기 때문에 선처를 받을 수 있습니다.

제5절 형사 재판 준비

1. 불신을 말끔히 해소

　　법관은 음주운전을 해본 사람만 또 음주운전을 한다는 식으로 법관의 불신에서 해소될 수 없으므로 그 불신을 어떤 식으로 해소해야 하겠다는 생각부터 정하고 의견서를 작성해야 합니다.

　　불신을 하고 있는 재판장에 대한 신뢰나 피고인의 의지와 진지한 반성의 모습으로 재판장을 설득하고 자세한 설명을 하여야 합니다. 앞에 제출하였던 것보다 발전이 있어야 하고 피고인의 의지에 변화가 있어야만 합니다.

　　술을 마시고 음주운전으로 적발이 되면 모든 피고인들은 다시는 술을 먹지 않겠습니다. 한번만 용서해 주십시오. 집에 팔순 노모가 계십니다. 제가 부양하지 못하면 돌아가십니다. 라는 등의 18번 레파토리가 단골이 되었습니다. 이러한 주장을 되풀이한다면 재판장이 가장 싫어합니다. 이러한 식으로 대처하였다가는 위험합니다. 이미 검사는 앞서 있었던 사건의 기록전부를 모두 읽고 알고 후일 재판부에 증거물을 제출하면 재판장도 똑같은 방법으로 아무런 변화도 없으면 거짓말을 하는 것으로 취급되기 십상입니다.

　　모든 법률문서는 사람에 따라 사건의 경위에 따라 각기 다르고 재판장이 보는 각도에 따라 다르겠지만 말로 해서는 효과를 볼 수 없습니다.

　　피고인에게 사정이 있었다면 음주운전을 피하려고 피고인이 운전을 하기 전에 어떤 노력을 기울였는지 구체적으로 설명을 하고 재판장을 설득시켜야 도움이 되는 것입니다.

　　음주운전을 피하려고 피고인이 음주를 한 뒤 얼마간의 시간을 보냈고 이 정도의 시간이 자났기 때문에 운전을 해도 별 지장이 없을 것이라는 착오에 의하여 운전을 하게 된 사실에 대하여 고의가 없었음을 밝히고 다른 사정이 있어 선처를 호소하여야 하는데 대부분은 음주운전의 고의를 해소하지 않고 무턱대고 말로만 장기간을 보냈는데 적발된 것에 대한 비판만 나열하는 분이 상당히 많습니다.

측정 수치가 터무니없이 많이 나왔다는 생각만으로 전부를 불신하면 안됩니다.

평소의 음주량에 비하여 터무니없이 높은 수치가 나올 수 있습니다. 그렇다고 해서 측정된 수치가 조작된 것처럼 몰아붙이고 단속경찰관을 원망하고 술을 먹고 운전을 한 피고인은 아무런 잘못이 없는 것으로 몰고 가는 의견서는 어디를 보나 반성의 기미가 보이지 않고 이러한 상태로는 재판장이 또 용서해도 술 먹고 또 운전할 사람으로 오해만 살 수밖에 없습니다.

당시의 상황이나 심적으로 불안한 상태가 지속될 경우 수치가 높게 나올 수도 있으므로 어떤 경우로 극도로 불안해하는 피고인에게 안정을 취하는 시간을 주지 않고 수치를 측정한 것에 대한 불만을 가지는 것은 평소의 음주량에 비하여 수치가 어느 정도 많이 나온 것이라고 설명하면 재판장이 이해를 못하는 것은 아닙니다.

음주운전을 하다 적발된 피고인은 적발될 때부터 재판이 끝날 때까지 거의 자기 주장만 합니다. 이런 주장을 하면 의견서를 법관이 읽고 도움이 될 것인지 아니면 오히려 독이 될 것인지를 생각하지 않고 이런 말 저런 말들을 두서없이 의견서에 모두 적어 내지만 진정 법관은 피고인의 주장이 무엇인지 이해를 할 수가 없습니다.

2. 주장과 호소력

음주운전을 하지 않겠다는 상품을 재판장에게 제시하고 팔려면 그 상품에 대한 설명을 구체적으로 해야 재판장이 의견서를 통하여 적은 설명을 이해하고 어떤 선처를 할지 마음을 정하는 것입니다.

재판은 피고인을 미워하고 나쁘다고 생각하지는 않습니다.

단지 술을 먹고 운전을 해서는 안 된다는 법규를 어기고 운전을 한 그 잘못을 꾸짖는 것입니다. 법관의 입장에서 보면 술을 먹고 운전을 해서는 안 된다는 것이고 피고인의 입장에서는 사고가 나지 않았으나 봐달라는 것이고 법관의 입장에서는 봐준 것인데 또 음주운전을 했으니 위험하니 다시는 음주운전을 하지 않도록 처벌을 해야겠다는 것입니다.

음주운전도 범죄인데 범죄는 간접으로 영향을 주는 자연적 조건이나 사회적 상황에 따른 환경을 중요시 할 수밖에 없고 특히 음주운전은 피고인의 생활하는 주의의 상태나 환경은 양형을 고려하는 중요한 요소중에 하나가 됩니다.

피고인이 의견서를 통하여 피고인의 환경을 진술하는 것은 열심히 살아온 과정을 보이고 피고인이 부양할 가족이 많다는 것을 보여주고 피고인이 어려운 환경 속에서 굴복하지 않고 버티면서 살아 나가는 상태를 발견하고 피고인이 다시는 음주운전을 하지 않을 것이라는 것을 발견하고 재판장은 양형에 정상을 참작하게 됩니다.

3. 고의성의 해소

음주운전이라는 것은 위험하다는 것에서부터 출발하는데 그 위험을 해소하려는 피고인의 노력이 있어야만 다시는 위험한 음주운전을 하지 않을 것이라는 잣대로 피고인을 바라볼 수밖에 없습니다.

무조건 음주 후 최소한 음주운전을 피하려는 생각으로 어디에서 어떤 노력을 하였다는 것인지 구체적으로 설명하여 피고인 스스로 위험을 해소하려 했다는 것을 인정하고 정상을 참작하는 것입니다. 음주운전을 피하려고 노력을 한 그 행위를 그림을 그리듯 자연스럽게 설명하는 식으로 작성하고 이해를 시켜야 합니다.

절대 수치가 많이 나왔건 적게 나왔건 음주 후 바로 운전을 한 것과 다른 위락시설 등에서 별도의 시간을 보내고 운전을 한 것은 업청남 위험의 해소부분에서 다룹니다.

음주운전을 피하려고 장시간 동안 당구장이나 사우나 등에서 시간을 보내고 이 정도의 시간이 지났기 때문에 운전을 해도 별무리가 없을 것으로 착오에 의하여 운전을 하다가 적발된 것과 술 먹고 바로 운전을 하다가 적발된 것은 다릅니다.

남의 집의 담을 넘어 들어간 것과 대문이 열려있는 집을 들어간 것은 그 위험은 다릅니다. 음주운전을 하였지만 음주운전을 피하려고 어떤 노력을 어떻게 다했다는 것인지 그림을 그리듯 설명하여야만 재판장의 마음을 움직일 수 있습니다.

여러 차례 음주전력이 있는 분은 지금까지 여러 번 용서를 받았기 때문에 이번 에도 용서를 받으려면 바로 가까운 내과의원으로 가서 음주치료를 받고 약도 좀 드시고 하루 이틀 치료를 받으면 의사에게 소견서를 발급받아 의견서에 원용하고 선처를 호소하면 음주치료를 받은 근거에 의하여 음주치료를 받을 수 있도록 다시 한 번 더 선처해 달라고 호소하면 용서를 받을 수 있습니다.

음주운전으로 작발될 때 마다 똑 같은 주장만 할 것이 아니라 이제는 변화가 있어야 합니다. 술만 안 먹겠다는 것만으로는 부족합니다. 음주치료를 열심히 받 아 다시는 술을 먹지 않고 새 사람으로 다시 태어날 수 있도록 기회를 달라고 하 시면 좋은 결과를 얻을 수 있습니다.

제2장 공무집행방해

공무원에 의하여 집행이 되는 국가 기능을 보호하기 위하여 형법 제136조 공무집행방해죄 제1항 직무를 집행하는 공무원에 대하여 폭행 또는 협박한 자는 5년 이하의 징역 또는 1,000만 원 이하의 벌금에 처합니다.

주간에 공무원에 대하여 폭행 또는 협박이 공부집행방해죄의 수단에 불고하여 별도의 죄로 논할 수 없는 포괄 일죄이므로 공무집행방해죄로만 의율하고 이때 공무원에게 상해를 가했다면 공무집행방해 및 상해죄의 상상적 경합범으로 그 범죄 사실은 가, 상해 나, 공무집행방해로 동시에 의율합니다.

야간에 공무원에 대하여 폭행 또는 협박 및 상해 등의 폭력행위 등에 열거된 범죄를 수반했을 경우도 공무집행방해죄와 폭력행위 등 처벌에 관한 법률위반과 양죄의 상상적 경합 관계에 있으므로 처벌이 중한 순으로 기재하고 있습니다.

공무집행방해죄에 대한 수사권은 경찰에 있으므로 사법경찰관이 수사한 결과 피의자에 대한 범죄혐의 인정되면 기소의견으로 검찰에 송치하고 피의자에 대하여 범죄혐의 인정되지 않는다고 판단하는 경우 기소의견으로 검찰에 송치하지 아니하고 경찰에서 사건을 자체적으로 종결 처리할 수 있습니다.

이를 '불송치 결정' 이라고 합니다.

검사는 사법경찰관이 수사하여 기소의견으로 검찰에 송치하는 사건에 대하여 수사한 결과 기소를 위한 보완수사가 필요하다고 판단하면 사법경찰관에게 보완수사를 하게하고 최종적으로 기소 여부를 결정하고 공소를 제기하는 때는 피고인의 성명 기타 피고인을 특정할 수 있는 사항, 죄명, 공소사실, 적용법조 등을 기재한 공소장을 작성해 관할법원에 제출하여야 합니다.

제1절 불구속 구공판

구공판은 검사가 법원에 공판(형사재판)을 구한다는 뜻입니다. 검사가 수사한 결과 피고인의 범죄가 재산형(벌금)으로 처벌할 수 있는 조항이 없고 약식재판의 청구보다 중한 사건으로 피고인이 범행을 인정하고 있고 도주의 위험이 없다고 판단되는 경우에 피고인을 구속하지 않고 불구속하여 정식재판을 청구하는 불구속 구공판을 할 수 있습니다.

구속만 하지 않았을 뿐 약식명령 벌금형보다 아주 중한 처벌을 할 수 있는 불구속 구공판을 청구한 것이므로 상당히 위험한 사건임에도 당장 구속이 되지 않았다는 이유로 대부분의 피고인들은 법원에서 공소장 부본과 의견서 양식 그리고 국선변호인선정청구서를 송달받고 7일 내에 의견서를 작성해 내라고 보내지만 대수롭지 않게 생각하고 대처하는 분들이 굉장히 많습니다.

제2절 공소장 의견서

1. 공소사실

공소장에 검사가 기재한 공소사실은 범죄사실이라고도 부릅니다.

공소사실은 범죄의 구성요건에 해당하는 것이므로 법률적·사실적으로 특정된 범죄사실을 말하고 검사가 공소장에 기재하여 공소를 제기한 범죄사실일 뿐만 아니라 법원의 심판대상이 되는 '범죄사실' 입니다.

2. 공소장일본주의

검사가 공무집행방해죄로 피고인의 공소를 제기할 때는 공소장일본주의의 실현에 의하여 공소장 하나만을 법원에 제출하여야 하고 기타의 서류나 그 증거물은 일체 공소장에 첨부하거나 제출하여서는 안 됩니다.

공소장일본주의를 취하면 피고인에게 이익이 되는 부분도 있으나 실제 불이익이 되는 부분도 적지 않습니다. 피고인이 검사가 공소제기 한 서류와 증거물을 미리 열람하거나 등사하여 사건의 내용을 파악한 후 의견서를 제출하고 공판에 임하면 방어방법을 충분히 강구할 수 있으나 공소장일본주의를 취하면 피고인이 의견서를 미리 제출하고 공판정에서 비로소 증거서류를 조사하게 되어 있으므로 피고인이 간단히 동의하면 바로 증거로 채택하게 되어 증거조사가 이루어진 후 검사가 보관하고 있는 공소제기 된 서류나 증거물을 등사할 수 있습니다.

의견서를 작성할 때는 공소사실에 관한 인정 여부에 확신이 없거나 사실관계를 면밀히 조사할 시간적 여부가 없는 경우에는 의견서를 통하여 공소사실의 인정 여부에 관한 요지만 기재하여 의견서를 제출하였다가 공판정에서 간단히 동의하면 증거조사가 채택되면 검사가 보관하고 있는 공소제기 된 서류나 증거물을 등사하여 상세한 내용은 추가 의견서를 통하여 진술하시면 됩니다.

3. 의견서 제출의무

법원은 검사가 공소장을 제출하면 형사소송법 제266조의2 제1항에 의하여 피고인에게 공소장 부본을 송달하고 7일 이내에 공소사실에 대한 인정 여부, 공판준비절차에 관한 의견 등을 기재한 의견서를 제출하여야 합니다.

의견서를 피고인에게 제출하라는 것은 공소장일본주의의 실현으로 재판장은 검사가 제출한 공소장 하나밖에 없으므로 공소장만을 근거로 하여 피고인이 왜 공무집행방해의 범죄를 저질렀으며 판결이 선고한 뒤에 피고인이 무엇을 하고 살아갈 것인지를 판단할 수 없으므로 피고인으로 하여금 의견서를 제출하게 하고 그 의견서를 통하여 양형자료를 찾아 피고인에게 가장 알맞은 형을 정하고 판결을 선고하기 위한 것입니다.

4. 의견서의 효과

공무집행방해죄의 의견서는 피고인이 일일이 재판장에게 찾아가 사건에 관한 진술을 구술(말)로 할 수 없고 시간적 제약이 있으므로 피고인이 의견서를 작성해 재판장 앞에 놓고 재판장과 마주 앉아 사건에 대하여 일대일로 대화하는 것으로 생각하고 의견서를 작성하시면 됩니다. 재판장으로서는 피고인을 만나 이야기를 할 수는 없지만 피고인이 제출한 의견서를 하나도 빠짐없이 읽습니다.

재판장은 검사가 공소를 제기한 사건에 대하여 10%는 유무죄를 따지는 것이고 나머지 90%는 피고인이 제출한 의견서를 살피고 양형을 정하는 것입니다. 검사가 제출한 공소장만 기초자료로 판단하여 피고인에 대하여 형을 정할 수 없기 때문에 피고인에게 의견서를 제출하게 하고 의견서를 통하여 피고인에게 가장 알맞은 형을 정하고 판결을 선고하기 위한 것이므로 피고인이 공소사실에 대하여 작성하는 의견서는 매우 중요합니다.

의견서는 피고인이 공소사실과 관련하여 재판장에게 전달하고자 하는 진술은 객관적으로 기술되어져야 하고 전달하고자 하는 진술내용을 뒷받침할 수 있도록 증거자료를 원용하여 의견서에 첨부하는 것이 더 좋습니다. 의견서에 첨부하는 서류는 재판장이 즉석에서 조사할 수 있는 서류의 핵심을 이해하기 쉽게 설명하는 것이 아주 좋습니다.

5. 진실만을 기재

공무집행방해죄는 대부분 술을 먹고 경찰관과 사소한 말다툼으로 인하여 생기는 몸싸움이 많습니다. 재판장으로서는 검사가 작성한 공소장만 읽어보더라도 피고인이 술만 먹으면 감정이 난폭해 지고 참지 못하는 성격의 소유자로 툭하면 시비 붙고 감정을 억제하지 못하는 사람으로 좋게 보이지 않으므로 의견서를 읽고 피고인이 그러한 성격의 소유자가 아니라 사건 당일 술을 먹고 실수를 한 것이라 이해할 수 있도록 의견서를 잘 작성하여야 합니다.

술을 많이 마신 상태라 하더라도 술에게 책임을 전가시키거나 빠져나가려는 인상으로 비춰지지 않도록 한 가지 중요한 부분을 왜곡하면 그 다음에 기재되는 진술내용도 술을 많이 마신 것만 탓하면 그 다음에 기재하는 진술내용도 재판장이 믿을 수 없는 것이 되기 십상이므로 다시 진술내용을 또 왜곡해야 하는 악순환이 반복되어 결국 허위의 양형자료로 인정될 가능성이 농후하므로 술을 마신 상태에서 실수를 한 것이라면 무조건 진실만을 의견서에 기재하여 실수임을 증명하여야 효과적입니다.

사건 관계인이 이성을 잃을 정도로 술을 많이 마셨다 하더라도 사건의 흐름이나 사고 경위는 피고인의 기억 속에 다 들어있으므로 의견서를 통하여 이런 말 저런 말을 두서없이 하더라도 피고인은 이해할 수 있겠지만 재판을 하고 판결을 선고해야 하는 재판장으로서는 술을 취한 상태에서는 진술과 사건이후 진술하는 내용이 다른 경우에는 무슨 뜻인지 이해할 수 없을 뿐만 아니라 오히려 독이 될 수 있으므로 정확한 기억이 아니라면 사건의 경위를 의견서를 통하여 설명하지 않고 실수를 없애는 각오와 술을 절제하려는 의지를 의견서를 통하여 재판장에게 보여주는 것이 훨씬 피고인에게 유리할 수 있습니다.

공무집행방해죄로 불구속 구공판에 회부된 피고인들은 대부분 자기에게 불리하다 싶으면 무조건 술을 많이 먹어서 기억이 없다 어디까지는 기억이 있는데 나머지는 기억이 없다고 진술을 하다보면 어느 것이 진술이고 어느 부분이 진실인지 알 수 없는 것이라면 두 가지다 인정되지 않습니다.

아무리 행위는 기억이 없다 하더라도 최소한 피고인이 잘못한 것은 기억에 있어야 하고 그 잘못이나 실수에 대해서는 피해자인 상대방에 대한 사죄와 경찰관에게 수시로 찾아가 사죄하려는 모습을 의견서를 통하여 그림을 그리듯 자연스럽게 의견서에 기재하여야 합니다.

술을 마신 행위를 객관적으로 구분해서 진술하는 것이 좋습니다.

술을 마시지 않았으면 이러한 행실이 없었다는 것을 입증하여야 합니다.

다만 술을 마시면 피고인도 모르는 그러한 행실을 한다는 것도 설명해야 합니다. 앞으로는 이러한 행위 재범을 하지 않겠다는 확신을 가질 수 있도록 의견서를 작성해야 합니다. 재판장으로서는 술과 관련이 있는 사건은 술만 먹으면 운전하고 술을 마시면 경찰하고 몸싸움하거나 지구대로 찾아가 행패를 부리고 경찰관과 싸우는 것으로 생각하고 있습니다.

공무집행방해 혐의로 불구속 구공판에 회부되어 얼마 전에 재판장이 선처를 했는데 또 법정에 섰다고 가정할 때 재판장으로서는 가장 두려운 것은 술을 먹고 실수하고 같은 죄명으로 재범을 하고 법정에 서는 것은 술버릇을 고치지 못했기 때문에 두 번째는 잘 봐주지 않습니다.

6. 진지한 반성

공무집행방해죄로 형사재판을 받는 피고인은 술로 인해 일어난 사고라는 생각으로 무조건 술 뒤에 숨는 경우가 대부분입니다. 한 번이 아니고 두 번째 걸렸다면 또 다릅니다.

음주치료를 받아야 하는 수준으로 심각하게 봅니다.

의견서를 통하여 술을 않이 마셨던 그냥 마음에 들지 않는다고 실수하거나 잘못을 저질렀다면 솔직하게 그 잘못을 인정하고 다시는 이러한 범행을 저지르지 않겠다는 그 노력과 의지를 의견서에 담아 재판장에게 보여주어야 합니다.

반성의 모습과 진심에서 우러나오는 그 뉘우치는 모습을 보여주면 재판장이 양형을 정하는데 정상을 참작할 수 있습니다. 술을 먹고 실수하고 잘못한 것이라면 술 뒤에 숨지 마시고 의견서에서 진심으로 우러나오는 잘못을 깊이 뉘우치는 모습을 보여주어야 하고 절대 술을 탓하지 말아야 하고 술을 절제하겠다고 다짐하고 그 의지를 재판장에게 솔직하게 보여주어야 합니다.

7. 가정환경

양형을 판단하는 데 피고인에 대한 가정환경은 가장 중요합니다.

의견서에 피고인에 대한 가정환경을 기재할 때는 자기 소개할 때처럼 기재하는 경우 글의 분량이 늘어나고 복잡해 질 수 있으므로 피고인에게 가정환경은 어떠한 어려움이 있었는지 피고인이 부양하고 있는 가족관계는 어떻게 되는지 간략하게 쓰시고 피고인의 어려운 가정환경에 처한 사정을 설명하시면 재판장이 피고인에게 벌금을 정할 때도 피고인의 가정형편을 고려하여 터무니없는 벌금을 선고하지는 않습니다.

의견서에는 벌금형의 산정 기초가 되는 피고인의 현재 경제력에 대한 정확한 양형을 고려하여 정할 수 있도록 피고인의 가정환경을 구체적으로 의견서에 원용하여 기재하고 증명할 증거자료를 의견서에 첨부하는 것이 더 좋습니다.

8. 피고인의 지능

피고인이 지니고 있는 지능에서 재판장은 재범의 우려보다는 개선가능성을 발견하고 환경에서는 피고인이 현재 처한 생활환경을 보고 피고인이 사회에 돌아가더라도 재범하지 않고 열심히 살아갈 수 있다는 확신을 가지고 재판장이 피고인의 양형에 반영하는 자료로 삼는 것입니다.

9. 범행의 동기

공무집행방해죄로 구공판에 회부된 사건은 술을 마시지 않은 상태에서 사소한 말다툼으로 시비가 된 경우도 있겠지만 대부분 술을 마신 상태에서 일어난 경우 검사가 공소를 제기하면 작성한 공소장을 읽어보면 이 사건을 처음으로 대하는 재판장이 눈살을 찌푸릴 정도로 범행의 동기가 아주 나쁘게 묘사되어 있는 경우가 굉장히 많습니다.

범행의 동기가 매끄럽지 않고 아주 나쁘게 공소장에 묘사되어 있으면 이것을 그대로 두고 의견서를 통하여 피고인이 짐작이나 추측에 따라 진술하시면 안 됩니다. 선처를 받기 위해서는 범행의 동기가 나쁘게 묘사되어 있으면 의견서를 통하여 최소한 변명이나 해명을 하든지 부드럽게 희석을 시킨 후 선처를 호소하여야 합니다.

재판장으로서는 판결을 선고하기 전에 피고인에 대한 성장과정, 피고인의 성행을 조사하여 양형의 기초자료로 활용하지 때문에 피고인으로서는 의견서를 통하여 어떤 환경에서 자랐기 때문에 재범의 우려가 없다는 점, 피해가 발생하였다면 그 피해복구는 이뤄졌는지 상대방이 경찰관이라면 합의를 할 수 없으므로 사죄를 하기 위하여 근무지로 수회에 걸쳐 찾아간 사실을 의견서에 설명하는 등 그 노력을 다했는지를 구체적으로 기재하여야 재판장으로서는 재범의 위험성을 객관적으로 따져 볼 수 있을 뿐만 아니라 합리적으로 양형을 판단할 수 있도록 의견서에 기재하여 제출하는 것이 더 좋습니다.

10. 일반 감경요소

공무집행방해죄 구공판에서는 피고인이 의견서를 통하여 무턱대고 선처만 호소할 것이 아닙니다. 의견서에는 (1)가족관계 (2)성장과정 (3)학교생활 (4)직업과 경력 (5)피고인의 성행이나 성격의 장단점 (6)범죄경력 (7)범행이유 (8)피해복구계획 (9)장래계획 등을 상세하게 기재하여 제출하시면 재판장은 의견서에서 양형자료를 찾아 형을 정하는데 정상을 참작합니다.

의견서를 통해 이면에 숨겨진 피고인을 보고 그에 합당한 벌을 주는 것이므로 피고인이 술을 먹고 일어난 사건이거나 술을 먹지 않은 상태에서 감정을 억제하지 못하고 일어난 것이라 하더라도 피고인이 거짓말을 하지 않았을 것이라는 전제하에 정상을 참작하고 형량을 정하는데 참작하여야 합니다.

판결을 선고해야 하는 재판장으로서는 피고인이 누구의 개입도 없이 스스로 작성한 의견서를 보고 왜 공무집행방해죄를 저질렀고 앞으로 어떻게 살 것인지를 확인하고 피고인에게 가장 알맞은 형을 정하고 판결을 선고하기 위한 것입니다.

11. 범행 후의 정황

공무집행방해죄는 범행 후의 심정과 태도, 반성과 가책의 유무, 피해회복의 정도와 피해복구 노력, 재범의 우려 등 양형의 조건이 되는 모든 사항을 참작할 수 있도록 의견서를 통하여 명확하게 진술하여야 합니다.

범행 후의 정황은 사건의 이후 피고인이 스스로 느낀 점을 특히 공무집행해죄는 재범을 하지 않겠다는 다짐과 의지를 기재하여야 합니다.

의견서에 결코 빠뜨려서는 안 되는 것은 재범을 하지 않겠다는 재범 방지의 노력을 보여주는 것입니다. 공무집행방해죄는 다시는 이러한 범행을 저지르지 않겠다는 어떤 노력을 하며 살겠다는 각오와 더불어 의지를 보여주어야 합니다.

아무리 공무집행방해죄의 의견서를 잘 썼다고 하더라고 진지한 반성의 모습과 다시는 재범을 하지 않겠다는 노력을 보여주지 않으면 소용이 없습니다. 의견서를 통하여 피고인이 저지른 범행을 깊이 반성하고 피해자에게 사과하고 피해를 복구하기 위한 그 노력의 모습을 보여주면 형을 줄일 수 있습니다.

12. 진정성 있게 작성

공무집행방해죄는 대부분 감정이나 술을 마신 상태에서 일어난 사고이므로 피고인의 행동과 그 잘못에 대하여 술을 핑계되면 안 됩니다. 더 중요한 것은 다시 이런 일들이 일어나지 않게 하겠다는 약속을 하는 것이 진정성입니다.

술을 마시고 일어난 사고의 경우 자칫 잘못하면 의견서를 통하여 선처를 호소하는 것 자체로는 재판장이 볼 때 진실이 아니라고 볼 수도 있습니다. 앞으로 피고인은 재범을 하지 않겠다는 원칙을 정하고 지키겠다는 의지를 딜레마에 빠지지 않고 약속을 꼭 지키겠다는 원칙을 세우고 행동하겠다는 그 모습을 보여 주고 재판장이 믿을 수 있도록 이해시켜야 합니다.

의견서를 특히 공무집행방해죄의 구공판의 경우에는 또 술 먹고 재범을 저지를 수 있다는 생각으로 재판장이 사건을 접근하기 때문에 의견서를 통해 이러한 생각을 가지지 않게 작성하는 것이 1차적으로 진정성입니다.

제3장 음주운전 공소장 의견서 최신서식

(1) 음주운전 공소장 의견서 - 피고인이 음주치료를 받을 수 있도록 한번만 더 기회를 달라
   는 선처호소 의견서

의　　견　　서

사　　　　　건 : ○○○○고단○○○○호　 도로교통법위반(음주운전)

피　고　인 : ○　　　○　　　○

춘천지방법원 형사 제○단독 귀중

의 견 서

사   건 : ○○○○고단○○○○호 도로교통법위반(음주운전)

피 고 인 : ○   ○   ○

　　이 의견서는 피고인의 진술권 보장과 공판절차의 원활한 진행을 위하여 제출하도록 하는 것입니다. 피고인은 다음 사항을 기재하여 이 양식을 송부 받은 날로부터 7일 이내에 법원에 제출하시기 바랍니다. 진술을 거부하는 경우에는 진술을 거부한다는 내용을 기재하여 제출할 수 있습니다.

　　이 의견서는 피고인에 대한 양형자료로 사용될 수 있으니 양형에 참작할 유리한 내용이 있는 경우 빠짐없이 기재해 주시기 바랍니다.

1. 공소사실에 대한 의견

　　가. 공소사실의 인정 여부

　　　　(1) 공소사실을 모두 인정함(○)

　　　　(2) 세부적으로 약간 다른 부분은 있지만 전체적으로 잘못을 인정함(   )

　　　　(3) 여러 개의 공소사실 중 일부만 인정함(   )

　　　　(4) 공소사실을 인정할 수 없음(   )

　　　　(5) 진술을 거부함(   )

　　나. 공소사실을 인정하지 않거나(1의 가. (3), (4) 중 어느 하나를 선택한 경우), 사실과 다른 부분이 있다고 하는 경우(1의 가. (2)를 선택한 경우), 그 이유를 구체적으로 밝혀 주시기 바랍니다.

○ 피고인은 이 사건 공소사실은 모두 인정하고 또한 깊이 뉘우치고 뼈저리게 반성하고 있습니다.

○ 이유여하를 막론하고 또 술을 먹고 해서는 안 되는 음주운전을 한데 대하여 입이 열 개라도 할 말이 없습니다. 피고인은 금년 9월 초순경 아버님께서 새벽녘에 집에서 갑자기 의식을 잃고 쓰러져 119구조대 도움을 받아 ○○병원 응급실로 후송된 후 ○○일 동안 사경을 헤매시다 퇴원 하셨습니다,

○ 피고인이 어쩔 수 없는 상황에서 이 사건당일 또 음주운전을 하게 된 동기는 피고인과는 더할 나위 없이 아주 친한 지인들에게 피고인의 아버님에 대한 병환을 경황이 없어서 지인들에게 알리지 못했던 것인데 병문안을 오지 못한 지인들이 마련한 자리에서 정말 거절할 수 없어서 술을 마신 후에 대리운전을 할 요량으로 술을 마셨습니다.

○ 한번 두 번도 아니고 툭하면 음주운전 적발된데 대하여 죄송하고 부모님께 죄송스러워 얼굴을 들지 못할 지경입니다.

○ 정말 또 있을 수 없는 죄를 지고 말았습니다.

○ 피고인이 여러 번 반복해서 저지른 잘못을 재판장님께서 보실 때 마치 변명으로 비춰질 수도 있겠지만 지금까지는 벌금으로 끝났기 때문에 음주운전 그것을 대수롭지 않게 생각하고 여기까지 온 것 같지만 피고인으로서는 재판장님께서 난생처음으로 의견서를 써내라는 연락을 받고 그 자리에 쓰러져 한참동안 정신까지 잃었습니다.

○ 판결을 내리시는 우리 재판장님께서 보실 때는 피고인에 대한 음주운전의 적발된 경위에 대하여 진실이 허락하지 않는 억울한 부분이 있지만 괜히 따지는 것으로 오해를 사게 되면 판결결과에 큰 영향은 미치지나 않을까 하는 입장에서 몹시 마음을 쓰며 애를 태우고 선처를 호소합니다.

○ 피고인으로서는 음주운전을 한 것은 맞습니다.

○ 그러나 저의 음주운전이 한번 도 아닌 여러 번 반복해서 음주운전을 한 것으로 비춰져 안타까울 뿐입니다.

○ 아무것도 모르시고 거동조차 불편하신 아버님을 생각하면 미안하고 죄송한 마음 때문에 심장이 멈추는 것 같습니다.

○ 혹시라도 아버님께서 아시는 날이면 그 충격으로 돌아가지는 않을까 늘 노심초사하고 있습니다.

○ 한편 아버지가 부끄러운 짓을 저지른 것도 모르고 우리 가족을 위해 허드렛일도 마다하지 않는 딸아이 보기가 얼마나 미안한지 견딜 수 없는 고통 속에서 지낼 수밖에 없습니다.

○ 피고인은 이번의 음주운전으로 잃고 버린 것도 많고 원만하면 걸어서 다니고 대중교통을 이용함으로써 경제적으로도 많은 도움이 되고 불편한 점은 피부로 느낄 수 있지만 그래도 피고인이 한 음주운전에 비하면 참을 만한데 저의 실수로 모든 것이 물거품은 되지 않을까 걱정도 앞섭니다.

2. 절차진행에 대한 의견

가. 이 사건 이외에 현재 재판진행 중이거나 수사 중인 다른 사건이 있다면, 해당 수사기관이나 법원과 그 사건명, 당사자 명을 기재하여 주시기 바랍니다.

○ 전혀 없습니다.

나. 이 사건 재판을 진행하기 전에 법원에 이야기하고 싶은 특별한 사정이 있습니까?

○ 한순간 잘못된 생각으로 또 음주운전을 하게 되어 돌이킬 수 없는 상황으로까지 전개되어 모든 삶을 고스란히 내려놓을지도 모른다는 생각에 한동안 실의에 빠져 있었습니다.

○ 피고인은 한번 도 아니고 두 번이나 음주운전으로 적발되어 법에 의한

용서를 받았고 다시는 음주운전을 하지 않겠다고 다짐도 했습니다만 피고인에게는 의지력이 약하다는 것을 절실히 깨닫고 술을 잊고 지냈지만 다리가 후들후들 떨리고 눈앞이 캄캄하고 아무것도 보이지 않고 정신을 멍하니 잃고 있습니다.

○ 피고인이 생각해도 피고인은 정신이 나간 사람 같아서 ○○군 ○○읍내 소재하는 ○○의원으로 ○○○○. ○○. ○○. 찾아가 진료를 받았습니다.

○ 진료를 하신 의사선생님께서 피고인은 지금 심한 우울증으로 불안장애가 있어 이를 극복하려고 술을 마실 수밖에 없다는 진단을 받고 장기적인 치료를 받으면 술도 끊을 수 있고 우울증세도 치유될 수 있다는 진단까지 받았습니다.

○ 지금까지 술만 먹고 가족들을 비롯해서 거동이 불편하신 아버님께 호도도 제대로 하지 못하고 정말 한심한 인생을 살았던 것 같습니다.

○ 후회가 막심합니다.

○ 늦었지만 이제라도 뉘우치고 음주치료를 받기로 하고 약을 복용한 후로는 술이라는 것을 전혀 생각나지도 않고 불안장애가 없어져 기분까지 좋아진 것을 느꼈습니다.

○ 술 때문에 빚어진 음주운전 피고인의 건강을 위해 술을 끊겠다고 생각으로 ○○○○. ○○. ○○.에 피고인이 운전하던 이 사건 차량마져 같은 ○○○에 사시는 ○○○이라는 분에게 이미 양도하였습니다.

○ 이번 한번만 더 존경하는 우리 재판장님께서 피고인에게 관용을 베풀어 주시면 절대 음주운전으로 재판을 받는 반복되는 일은 없게 하겠습니다.

○ 피고인은 매일같이 악몽을 꾸고 있습니다. 악몽에서도 벗어나게 도와 주시면 고맙겠습니다.

○ 피고인에게 선처를 간곡히 호소합니다.

다. 이 사건 재판의 절차 진행에 있어, 법원에서 참작해 주기를 바라는 사항이 있으면, 구체적으로 밝혀 주시기 바랍니다.

○ 본건 공소사실에 대하여 검찰제출의 증거사용에 동의하겠습니다.

○ 모두 인정하겠습니다.

3. 성행 및 환경에 관한 의견

가. 가족관계

(1) 가족사항 (사실상의 부부나 자녀도 기재하며 중한 질병 또는 장애가 있는 등 특별한 사정은 비고란에 기재)

관계	성 명	나이	학력	직업	동거여부	비 고
본인	○○○	53	고졸	○○○	○	
녀	○○○	23	학생	대학원생	○	
부	○○○	86	고졸	무직	○	거동이 매우 불편함

(2) 주거사항

자가 소유(시가 :   정도)

전세(보증금 :   만 원, 대출금   만 원)

월세(보증금 : 2,000만 원, 월세 40만 원)

기타(무상거주 :   )

○ 피고인 명의로 된 월세주택은 약 20여 평에 달하고 안방 1개와 작은 방으로 구성되어 있으며 안방에서는 거동이 불편하신 아버님께서 사용하시고 작은방은 빨래방 겸 창고로 사용하고 있으며 피고인은 주로 거실에서 생활하고 있습니다.

(3) 가족의 수입

○ 현재는 수입이 일정하지 않는 편이지만 피고인이 월 150만 원에서 200여만 원의 수입밖에 없는 실정입니다.

나. 피고인의 학력·직업 및 경력

(1) 피고인의 학력

○ 피고인은 1976. 3. ○○초등학교를 졸업했습니다.

○ 피고인은 1979. 3. ○○중학교를 졸업했습니다.

○ 피고인은 1982. 3. ○○고등학교를 졸업했습니다.

(2) 과거의 직업, 경력

○ 피고인은 1985. 6. 단기해병대 전역하였습니다.

○ 피고인은 1989. 7. ○○리조트 영업부 과장근무하였습니다.

○ 피고인은 1994. 6. ○○읍내 의류매장 오픈하였습니다.

○ 피고인은 2006. 11. ○○○면허를 취득하였습니다.

○ 현재는 건축현장에서 관련 업무를 보고 있습니다.

(3) 현재의 직업 및 월수입, 생계유지 방법

○ 피고인은 현재 건축현장에서 허드렛일을 하고 얻어지는 수입 월 150만 원 이상 약 200여만 원으로 딸아이의 학비와 거동이 불편하신 아버님의 치료비 등을 지출하는 등 정말 어렵게 생활하고 있습니다.

(4) 향후 취직을 하거나 직업을 바꿀 계획 유무 및 그 내용, 자격증 등 소지 여부

○ 피고인은 그 어렵다는 ○○○를 취득하여 ○○○을 하려고 하지만 지금은 부동산이 침체되어 다른 사람이 건축하는 현장에서 막노동 같은 일을 하고 일당을 받고 생활하면서 틈틈이 목표를 세우고 열심히 노력하고 있습니다.

다. 성장과정 및 생활환경 (부모나 형제와의 관계, 본인의 결혼생활, 학교생활, 교우관계, 성장환경, 취미, 특기, 과거의 선행 등을 기재)

○ 피고인의 성격은 차분하면서도 활발하며 항상 남에게 베풀고 싶은 성격을 가지고 있습니다.

○ 힘든 분들을 위해 봉사한다는 생각으로 매사 적극적으로 추진해내려는 성격도 지니고 있습니다.

○ 특히 주변 분들과 운동을 하는 등 건강은 양호하고 학교생활에서도 친구들과 정말 사이좋게 지냈을 뿐 아니라 친구들이 주변에 많고 지금도 우리 친구들을 자주 만나고 있습니다.

○ 피고인은 틈틈이 봉사활동을 해오고 있고 작은 금액이지만 성의껏 소외계층을 위해 꾸준히 기부도 하려고 노력하고 있습니다.

라. 피고인 자신이 생각하는 자기의 성격과 장·단점

○ 피고인은 차분한 성격을 지니고 매사에 적극적인 의지를 가지고 있습니다.

4. 정상에 관한 의견(공소사실을 인정하지 않는 경우 기재하지 않아도 됨)

가. 범행을 한 이유

○ 피고인이 어쩔 수 없는 상황에서 또 음주운전을 하게 된 동기는 피고인과는 더할 나위 없이 아주 친한 지인들에게 피고인의 아버님에 대한 병환을 경황이 없어서 알리지 못했던 것인데 병문안을 오지 못한 지인들이 마련한 자리에서 정말 거절할 수 없어서 술을 마신 후에 대리운전을 할 요량으로 술을 마신 것이 발단이 되고 말았습니다.

○ 피고인의 실수로 또 이번과 같은 음주운전이 발생한 것으로 피고인은 이유여하를 막론하고 자복하며 반성하고 있습니다.

○ 피고인은 뼈저리게 뉘우치고 반성하고 또 반성하고 있습니다.

나. 피해자와의 관계

　　○ 없습니다.

다. 합의 여부(미합의인 경우 합의 전망, 합의를 위한 노력 및 진행상황)

　　○ 없습니다.

라. 범행 후 피고인의 생활

　　○ 피고인은 이 사건 음주운전에 대한 잘못을 뉘우치고 위 범행을 자복하
　　　며, 우리 가족의 생계유지를 위해 열심히 직장 생활에 최선을 다하고
　　　있습니다.

　　○ 혹시나 아버님께서 피고인에 대한 일을 아시고 쓰러지시면 어떻게 하
　　　나 하는 걱정이 앞서 늘 마음 조아리고 있습니다.

　　○ 저에 대한 잘못으로 때문에 아버님 앞에서 숨소리도 죽여 가며 지내고
　　　있습니다.

마. 현재 질병이나 신체장애 여부

　　○ 건강은 양호한 편입니다.

바. 억울하다고 생각되는 사정이나 애로사항

　　○ 피고인은 잘못을 깊이 뉘우치고 반성하고 있는 점 들을 두루 살피시어
　　　선처를 간곡히 호소합니다.

　　○ 법 이전에 한 인간을 불쌍히 여기고 자비로우신 우리 재판장님의 판결
　　　이 피고인으로 하여금 다시금 기회를 주시고 거동조차 불편하신 우리
　　　아버님께 격려와 위안이 될 수 있도록 선처를 간곡히 호소합니다.

　　○ 저는 재판장님의 소중한 뜻이 무엇인지를 되새기고 다시는 이런 일이
　　　생기지 않도록 하겠습니다.

사. 그 외형을 정함에 있어서 고려할 사항

○ 다시 한 번 피고인에 대한 선처를 간곡히 호소합니다.

5. 양형을 위하여 조사해 주기를 바라는 사항

가. 피고인의 부모, 형제, 친척, 친구 등 양형조사를 해주기 바라는 사람의 이름과 연락처를 구체적으로 기재

○ 없습니다.

나. 피고인의 양형을 위하여 유리한 문서, 서류 기타 관련 증거 등에 관하여 구체적으로(소재지 등) 기재

○ 없습니다.

6. 법원조사관의 면담을 원하는지 여부

법원조사관을 면담하여 양형에 관한 사실 및 의견에 관하여 도움을 받고 싶은 가요?

(1) 원한다(   )

(2) 원하지 않는다(○)

(3) 기타(   )

소명자료 및 첨부서류

1. 자동차양도계약서   1통
1. 진료기록(우울증, 불안장애 진료사항)   1통

○○○○ 년 ○○ 월 ○○ 일

위 피고인 : ○ ○ ○   (인)

춘천지방법원 형사 제○단독 귀중

(2) 음주운전사고 공소장 의견서 - 음주사고 피해자와 합의하고 선처를 간곡히 호소하는 음주사고 의견서

의 　 견 　 서

사　　　　건 : ○○○○고단○○○○호　특정범죄가중처벌등에관한법률위반(위험운전 치상) 등

피　　고　　인 : ○　　　○　　　○

춘천지방법원 형사 제○단독 귀중

의 견 서

사　　　건 : ○○○○고단○○○○호　특정범죄가중처벌등에관한법률위
　　　　　　　반(위험운전 치상) 등

피　고　인 : ○　　　○　　　○

　이 의견서는 피고인의 진술권 보장과 공판절차의 원활한 진행을 위하여 제출하
도록 하는 것입니다.

　피고인은 다음 사항을 기재하여 이 양식을 송부 받은 날로부터 7일 이내에 법원
에 제출하시기 바랍니다. 진술을 거부하는 경우에는 진술을 거부한다는 내용을 기
재하여 제출할 수 있습니다.

　이 의견서는 피고인에 대한 양형자료로 사용될 수 있으니 양형에 참작할 유리한
내용이 있는 경우 빠짐없이 기재해 주시기 바랍니다.

1. 공소사실에 대한 의견

　가. 공소사실의 인정 여부

　　　(1) 공소사실을 모두 인정함(　　)

　　　(2) 세부적으로 약간 다른 부분은 있지만 전체적으로 잘못을 인정함(○)

　　　(3) 여러 개의 공소사실 중 일부만 인정함(　　)

　　　(4) 공소사실을 인정할 수 없음(　　)

　　　(5) 진술을 거부함(　　)

　나. 공소사실을 인정하지 않거나(1의 가. (3), (4) 중 어느 하나를 선택한 경

우), 사실과 다른 부분이 있다고 하는 경우{1의 가. (2)를 선택한 경우}, 그 이유를 구체적으로 밝혀 주시기 바랍니다.

○ 피고인은 이 사건 공소사실은 세부적으로 약간 다른 부분은 있지만 전체적으로 잘못을 인정하고 또한 깊이 뉘우치고 반성하고 있습니다.

○ 피고인은 농업에 종사하고 나이도 있는데 모범이 되지 못하고 이러한 범행을 저지른데 대하여 사죄의 말씀부터 먼저 드리겠습니다.

○ 이유여하를 불문하고 술을 먹고 해서는 안 되는 음주운전을 하여 가족에게 죄송하고 나아가 한동네에서 농사짓는 이웃주민에게까지 부끄러운 짓을 하여 죽을죄를 지고 말았습니다.

○ 피고인에 대한 잘못을 반성하지 않고 변명으로 일관하는 것으로 비춰질 수도 있겠지만 판결을 내리시는 재판장님께 음주운전의 적발과 사고의 경위에 대하여 진실이 허락하지 않는 억울한 부분이 있어도 후일 판결결과에 영향이 있을까 하는 걱정이 앞서 이러지도 저러지도 못하는 심정을 조금이라도 이해해 주셨으면 하는 마음 간절합니다.

○ 피고인의 범행으로 인하여 졸지에 피해를 입으신 피해자 분께 진심으로 머리 숙여 사죄의 말씀부터 드리겠습니다.

○ 술을 먹고 운전했다는 것에 대하여 입이 열 개라도 할 말이 없습니다. 정말 죄송하고 죽을죄를 졌습니다.

○ 당시 상황에 대해 설명을 드리면 피고인이 저지른 범행을 발뺌을 하거나 빠져나가려고 둘러대는 거짓말로 비춰질 수 있습니다. 그러나 피고인은 사실 음주운전으로 적발되기 전에 함께 군대생활을 했던 옛 전우들을 만나 다른 친구들은 그 다음날 새벽까지 술을 마셨지만 피고인은 원래부터 많은 술을 마시지 못해 몇 잔을 마시고 차량을 아침에 이동하려고 더 이상 마시지 않고 술자리 옆에서 잠 을잘 수밖에 없었습니다.

○ 피고인은 늦은 시간까지 이어지는 친구들과의 술 자리를 피하려고 노력을 했고 음주운전을 피하려는 생각으로 장시간 수면을 취하는 등 밖으로 나와 충분한 시간의 휴식을 취한 상태였기 때문에 이 정도면

괜찮을 것이라는 착오로 그만 운전을 하다가 일어난 사고라는 사실을 감히 말씀드리고 싶습니다.

○ 이유야 어찌되었건 변명 같은 말씀을 드리게 되어 죄송합니다.

○ 의도적으로 피고인이 음주운전을 한 것으로 몰아붙인 공소사실은 아무리 술을 마시고 사고를 냈다고 해서 사실관계를 오해하여 비춰진데 대하여 안타까울 뿐입니다.

○ 피고인으로서는 음주후의 상황으로 볼 때 충분한 시간이 흘렀기 때문에 운전해도 아무런 문제가 없을 것으로 착오에 빠져 이 같은 일이 생기리란 것은 꿈에서도 몰랐습니다.

○ 시골집에는 9순이 넘으신 노모님을 피고인이 모시고 있는데 행여 노모님께서 이 사실을 아시고 돌아가지는 않을까 하는 걱정 때문에 피고인은 노심초사하고 있습니다.

○ 연로하신 노모님을 생각해서라도 피고인이 이런 일을 자초하지 말았어야 하는데 깊이 뉘우치며 참회하고 있습니다.

2. 절차진행에 대한 의견

가. 이 사건 이외에 현재 재판진행 중이거나 수사 중인 다른 사건이 있다면, 해당 수사기관이나 법원과 그 사건명, 당사자 명을 기재하여 주시기 바랍니다.

◎ 없습니다.

나. 이 사건 재판을 진행하기 전에 법원에 이야기하고 싶은 특별한 사정이 있습니까?

◎ 피고인은 현재 거주하는 시골마을에서 이장 일을 보고 있으면서 피고인이 경작하는 농작물은 영농법인을 성립하여 운영하고 있는데 한순간 착오로 인하여 돌이킬 수 없는 상황으로 전개되어 모든 것을 내려놓아야 할 처지가 되어 실의에 빠져 있습니다.

◎ 피고인에게 현재 직면해 있는 사정을 비춰보면 절박한 사정도 사정이지만 저로 인하여 고통을 받아야 할 노모님과 가족들 그리고 같이 영농 법인을 이끌어 가시는 농민을 생각하면 걱정 때문에 밤잠을 이루지 못하고 있고, ○○○○. ○○. ○○.오전 ○○:○○에 공판기일이 지정되었다는 사실을 알게 되어 재판일시가 하루하루 앞으로 다가올 때마다 다리가 후들후들 떨리고 눈앞이 캄캄하고 아무것도 보이지 않아 매일 정신을 멍하니 잃고 있습니다.

◎ 피고인에게 가장 걱정이 앞서는 것은 무엇보다도 올해 9순이신 노모님에 대한 걱정입니다. 만일 제가 잘못 되기라도 하면 노모님은 어떻게 되실까 또 우리가족은 누가 생계를 꾸려갈지 걱정이 앞서는 바람에 아무것도 먹지 못하고 눈물로 지세우고 있습니다.

◎ 피고인의 매우 열악한 가정형편을 살피시어 선처를 호소합니다.

◎ 한번만 피고인을 용서해 주신다면 다시는 법정에 서는 일 없도록 하겠습니다.

◎ 피고인은 연로하신 노모님과 가족들 그리고 저 자신을 위해서 그 사고 이후 술을 아예 끊었습니다.

◎ 이제는 음주운전도 저하고는 거리가 먼 일이 되었습니다.

◎ 다 제가 잘못해서 일어난 일인데 절대 남을 탓할 일도 아니라고 생각하고 조금 일찍 일어나서 자전거를 이용하거나 버스를 타고 다니므로 술과를 담을 쌓고 일만 열심히 하고 있습니다.

◎ 술을 끊고 나니 무엇보다도 마음이 편합니다.

◎ 이제 술 때문에 법정에 서야 할 일도 없는 피고인에게 선처를 간곡히 호소합니다.

다. 이 사건 재판의 절차 진행에 있어, 법원에서 참작해 주기를 바라는 사항이 있으면, 구체적으로 밝혀 주시기 바랍니다.

◎ 본건 공소사실에 대하여 검찰제출의 증거사용에 동의하겠습니다.

3. 성행 및 환경에 관한 의견

가. 가족관계

(1) 가족사항 (사실상의 부부나 자녀도 기재하며 중한 질병 또는 장애가 있는 등 특별한 사정은 비고란에 기재)

관계	성 명	나이	학력	직업	동거여부	비 고
본인	○○○	65	전문대	농업	○	
모	○○○	91	무	무	○	거동이 불편
자	○○○	37	대졸	회사원	○	
녀	○○○	32	대졸	대학원	○	

(2) 주거사항

자가 소유(시가 : 230,000,000원 정도)

전세(보증금 :   원)

월세(보증금 : 원 월   원)

기타(무상거주 :   원)

(3) 가족의 수입

○ 현재 피고인으로서는 영농법인을 운영하거나 농업으로 얻는 수입은 약 280여만 원의 수입으로 온 가족의 생계를 꾸려가고 여기서 노모님의 병원비로 약 70여만을 지출하면서 생활하고 있습니다.

나. 피고인의 학력·직업 및 경력

(1) 피고인의 학력

○ 피고인은 가정형편이 어려운 나머지 검정고시를 통하여 늦은 나이로 2년제 전문대학을 졸업하였습니다.

(2) 과거의 직업, 경력

○ 피고인은 2년제 전문대학에서 기계공학과를 졸업하고 현재 영농법인을 운영하고 농사를 짓고 열심히 일하고 있습니다.

(3) 현재의 직업 및 월수입, 생계유지 방법

○ 피고인은 영농법인을 운영하고 농사일을 하여 얻는 약 280여만원의 수입으로 온 가족의 생계를 꾸려가고 여기서 노모님의 병원비로 약 70여만을 지출하며 정말 어렵게 생활하고 있습니다.

(4) 향후 취직을 하거나 직업을 바꿀 계획 유무 및 그 내용, 자격증 등 소지 여부

○ 피고인으로서는 현재 주소지의 농촌마을에서 이장 일을 맡고 있고 주식회사 ○○마을 영농법인을 설립하여 운영하면서 농사를 짓고 나름대로 소임을 다하며 어렵고 힘든 소외계층을 위하여 전심전력을 다해 봉사하는 마음으로 살고 있습니다.

다. 성장과정 및 생활환경(부모나 형제와의 관계, 본인의 결혼생활, 학교생활, 교우관계, 성장환경, 취미, 특기, 과거의 선행 등을 기재)

◎ 피고인은 성격이 활발하며 항상 남에게 베풀고 살겠다는 꿈을 가지고 강원도 양구 최전방에서 태어났지만 어려서부터 아버지께서 지병으로 갑자기 돌아가시자 연로하신 노모님께서는 저희 5남매를 홀로 키워냈습니다.

◎ 나이어린 저로서도 5남매를 키우시느라 늘 고생만 하시는 노모님을 보고 그냥 있을 수 없어서 군에서 제대하고 바로 농사일에 뛰어들어 농

사일이라면 안 해본일 없을 정도로 돈을 벌어 우리 가족을 부양했어
야 했습니다.

◎ 갑자기 병을 얻어 아내가 저세상으로 떠나고 홀로 어린 아이들을 가르
치고 노모님을 부양하고 있습니다.

◎ 특히 피고인은 주말마다 주변에 사시는 이웃주민들을 위하여 경로당에
서 식사를 대접하거나 소외계층으로 찾아가 봉사활동도 하는 등 건강
은 양호하고 학교생활에서는 친구들과 정말 사이좋게 우정도 돈독했던
친구들이 많고 지금도 군에서 함께 군복무를 하던 전우들과 모임을
기지고 자주 만나고 있습니다.

◎ 피고인은 이번과 같은 범행을 저질러 뼈저리게 뉘우치고 잠시 한눈을
판 점 후회하고 반성하고 있습니다.

라. 피고인 자신이 생각하는 자기의 성격과 장·단점

◎ 피고인은 차분한 성격을 지니고 매사에 적극적으로 해결하려는 의지를
지니고 있습니다.

4. 정상에 관한 의견(공소사실을 인정하지 않는 경우 기재하지 않아도 됨)

가. 범행을 한 이유

◎ 피고인은 군에서 함께 군복무를 하던 전우들과 모임을 가진 장소에서
술을 많이 마시지 않은 상태에서 충분한 휴식을 취한 후 새벽에 이동
을 하기 앞서 이 정도이면 운전을 해도 괜찮겠다는 생각으로 운전을
하다가 이번과 같은 사고가 발생한 것으로 피고인은 이유를 막론하고
자복하며 반성하고 있습니다.

◎ 피고인은 뼈저리게 뉘우치고 반성하고 또 반성하고 있습니다.

나. 피해자와의 관계

◎ 모르는 분이 십니다.

다. 합의 여부 (미합의인 경우 합의 전망, 합의를 위한 노력 및 진행상황)

◎ 피고인으로서는 피해자에게 찾아가 합의를 하려고 시도했으나 피해자를 만나지 못하고 있다가 겨우 전화연락이 되어 바로 피해자에게 찾아가 정중히 사과의 말씀을 드리고 저의 잘못으로 입은 피해를 보상하고 싶다고 말씀드리자 피해자 분께서는 30만 원을 요구하셨는데 그 즉석에서 피고인이 고마운 마음으로 50만 원을 드렸더니 기어코 뿌리치시며 30만 원만 받고 합의를 해 주시고 가셨습니다.

◎ 피고인은 합의한 이후로도 피해자 분께 전화하여 어디 불편하신 곳은 없으신지 조금이라도 아픈 곳이 있으면 전화주시라고 수시로 연락드리고 있습니다.

라. 범행 후 피고인의 생활

◎ 피고인은 이 사건 범행의 잘못을 깊이 뉘우치고 위 범행을 자복하며, 지금 이 시간에도 열심히 일하고 있으며 혹시나 노모님께서 피고인에 대한 사고 사실을 아시고 쓰러지시면 어떻게 하나 하는 걱정이 앞서 늘 노심초사하고 있습니다.

◎ 현재 피고인은 숨소리도 노모님 앞에서 죽이고 지내고 있습니다.

마. 현재 질병이나 신체장애 여부

◎ 건강은 양호한 편입니다.

바. 억울하다고 생각되는 사정이나 애로사항

◎ 피고인은 잘못을 깊이 뉘우치고 반성하고 있는 점 들을 두루 살피시어 선처를 간곡히 호소합니다.

◎ 피고인의 착오에 의하여 또 운전을 하여 일어난 사고였지만 피고인은 많은 것을 뉘우치고 잘못을 반성하고 있습니다.

◎ 피고인은 음주운전을 한 것도 큰 문제지만 큰 사고로 이어지지 않아

천만 다행이라 생각하고 열심히 살고 있습니다.

◎ 피고인에게는 연로하신 노모님을 부양해야 한다는 사정을 십분 감안하시어 피고인에게 선처를 바라는 마음 간절합니다.

사. 그 외형을 정함에 있어서 고려할 사항

◎ 다시 한 번 피고인에 대한 선처를 호소합니다.

◎ 피고인은 죽을죄를 졌지만 집에는 피고인만 의지하고 생계를 유지하시는 우리 노모님을 애석하게 여기시고 이번에 한하여 관대한 처벌을 호소합니다.

5. 양형을 위하여 조사해 주기를 바라는 사항

가. 피고인의 부모, 형제, 친척, 친구 등 양형조사를 해주기 바라는 사람의 이름과 연락처를 구체적으로 기재

◎ 없습니다.

나. 피고인의 양형을 위하여 유리한 문서, 서류 기타 관련 증거 등에 관하여 구체적으로(소재지 등) 기재

◎ 없습니다.

6. 법원조사관의 면담을 원하는지 여부

법원조사관을 면담하여 양형에 관한 사실 및 의견에 관하여 도움을 받고 싶은가요?

(1) 원한다(   )

(2) 원하지 않는다(○)

(3) 기타(   )

소명자료 및 첨부서류

1. 가족관계증명서   1통

○○○○ 년 ○○ 월 ○○ 일

위 피고인 : ○ ○ ○   (인)

춘천지방법원 형사 제○단독 귀중

의   견   서

사   건 : ○○○○고단○○○○호 특정범죄가중처벌등에관한법률위반
(위험운전 치상) 등

피 고 인 : ○   ○   ○

광주지방법원 형사 제○단독 귀중

의　견　서

사　　　　　건 : ○○○○고단○○○○호 **특정범죄가중처벌등에관한법률위반**
　　　　　　　　 (위험운전 치상) 등
피　고　인 : ○　　　○　　　○

　　이 의견서는 피고인의 진술권 보장과 공판절차의 원활한 진행을 위하여 제출하도록 하는 것입니다.

　　피고인은 다음 사항을 기재하여 이 양식을 송부 받은 날로부터 7일 이내에 법원에 제출하시기 바랍니다.

　　진술을 거부하는 경우에는 진술을 거부한다는 내용을 기재하여 제출할 수 있습니다.

　　이 의견서는 피고인에 대한 양형자료로 사용될 수 있으니 양형에 참작할 유리한 내용이 있는 경우 빠짐없이 기재해 주시기 바랍니다.

1. 공소사실에 대한 의견

　　가. 공소사실의 인정 여부

　　　　(1) 공소사실을 모두 인정함(○)

　　　　(2) 세부적으로 약간 다른 부분은 있지만 전체적으로 잘못을 인정함(　　)

　　　　(3) 여러 개의 공소사실 중 일부만 인정함(　　)

　　　　(4) 공소사실을 인정할 수 없음(　　)

　　　　(5) 진술을 거부함(　　)

나. 공소사실을 인정하지 않거나(1의 가. (3), (4) 중 어느 하나를 선택한 경우), 사실과 다른 부분이 있다고 하는 경우(1의 가. (2)를 선택한 경우), 그 이유를 구체적으로 밝혀 주시기 바랍니다.

○ 피고인은 이 사건 공소사실은 모두 인정하고 깊이 뉘우치고 뼈저리게 반성하고 있습니다.

○ 피고인은 사고 당일 오후 7시부터 시작한 회식자리에서 9시 30분경까지 술을 마시고 가급적 음주운전을 피하려는 생각으로 근처 지하실에 있는 사우나에서 4시간이 넘도록 수면을 취하는 등 그 다음날 새벽 1시 50분경 사우나 밖으로 나와 이 정도의 시간이 지났기 때문에 운전을 해도 괜찮겠다는 착오에 의하여 운전을 하여 이번과 같은 사고를 낸 것에 대하여 깊이 사죄의 말씀부터 드리겠습니다.

○ 피고인은 이유여하를 불문하고 술을 먹고 해서는 안 되는 음주운전을 하고 그것도 사람을 다치게 한데 대해서는 피해자님께 죄송하고 미안하게 생각합니다.

○ 정말 씻을 수 없는 죽을죄를 지고 말았습니다.

○ 제가 저지른 잘못은 마치 변명으로 비춰질 수도 있겠지만 피고인으로서는 난생처음으로 의견서를 써내라는 연락을 받고 그 자리에 쓰러져 한참동안 정신까지 잃었습니다.

○ 술을 먹고 해서는 안 되는 음주운전으로 사람을 다치게 한 것은 사실이지만 처음인 피고인에게는 엄청나게 힘들고 견딜 수가 없었고 한참 후에 의견서 내용을 읽는데 온통 이해할 수 없는 법적용어들로 가득차 있어 정말 피고인이 저지른 범죄가 이렇게 위험한 범죄인줄 꿈에서도 몰랐습니다.

○ 피고인에 대한 음주운전의 적발과 사고의 경위에 대하여 진실이 허락하지 않는 억울한 부분이 있지만 음주운전으로 사람을 다치게 한 것이므로 괜히 따지는 것으로 오해를 사게 되면 판결결과에 큰 영향은

미치지나 않을까 하는 입장에서 조마조마한 심정으로 조금이라도 이해해 주셨으면 하는 마음으로 진심에 호소하겠습니다.

○ 피고인의 범행으로 인하여 피해를 입으신 피해자께 진심으로 사죄의 말씀도 드렸습니다.

○ 입이 열 개라도 제가 한 음주운전에 대해서 할 말은 없습니다. 또 사람을 다치게 한데 대하여 잘못했습니다.

○ 당시 피고인은 회식장소에서 술을 마셨지만 피고인은 평소에도 술을 많이 마시는 편이 아닌 반면 최소한 음주운전은 피하려는 생각으로 근처 지하실에 있는 사우나에서 장장 4시간이 넘도록 사우나 하고 수면을 취하는 등 장시간을 보낸 후 이정도면 별문제가 없겠다는 착오를 일으켜 그만 운전을 하다가 일어난 사고라는 사실만은 분명하게 재판장님께 말씀드리고 싶습니다.

○ 피고인으로서는 음주운전을 한 것은 맞습니다.

○ 공소장에 의하면 저의 음주운전이 의도적으로 음주운전을 한 것으로 비춰져 정말로 안타깝습니다.

○ 앞에서도 말씀 드렸다시피 피고인이 행한 음주후의 상황으로 볼 때 4시간이 넘는 엄청난 시간을 보낸 것은 음주운전을 피하려는 노력이 있었음에도 바로 은주운전을 하여 사고를 낸 것으로 몰아붙인 공소사실은 모순이 있다고 생각이 듭니다.

○ 아무것도 모르고 계시는 부모님을 생각하면 미안하고 죄송한 마음 때문에 지금도 눈앞을 가립니다.

○ 허드렛일도 마다하지 않으시는 우리 어머님을 생각하면 모두가 하루아침에 물거품이 되고만 느낌은 나이어린 피고인이 감당하기엔 너무나 가혹하고 견딜 수 없는 고통일 수밖에 없습니다.

○ 피고인은 이번의 음주사고로 인하여 다니는 직장도 언제 어떻게 그만둬야할지 걱정이 이만저만이 아닙니다.

2. 절차진행에 대한 의견

가. 이 사건 이외에 현재 재판진행 중이거나 수사 중인 다른 사건이 있다면, 해당 수사기관이나 법원과 그 사건명, 당사자 명을 기재하여 주시기 바랍니다.

○ 없습니다.

나. 이 사건 재판을 진행하기 전에 법원에 이야기하고 싶은 특별한 사정이 있습니까?

◎ 피고인은 이정도의 시간이 흘렀기 때문에 운전해도 되겠다는 착오로 인하여 돌이킬 수 없는 상황으로까지 전개되어 모든 삶을 고스란히 내려놓을지도 모른다는 생각에 실의에 빠져 있습니다.

◎ 피고인의 실수로 고통을 받아야 할 부모님을 생각하면 그 걱정 때문에 밤잠을 이루지 못하고 이 의견서를 제출한 이후 재판장님 앞에서 재판받을 날자가 하루하루 앞으로 다가온다고 생각하면 다리가 후들후들 떨리고 눈앞이 캄캄하고 아무것도 보이지 않는 바람에 매일 직장에서도 정신을 멍하니 잃고 있습니다. 젊은 사람으로 할 짓이 아닙니다.

◎ 피고인에게 걱정이 앞서는 것은 이번 일로 직장에서 쫓겨나게 되면 우리 부모님은 누가 부양할지 인생낙오자가 되는 꿈을 꾸고 하물며 악몽까지 꿀 정도로 고통에 시달리고 있습니다.

◎ 재판장님께서 제가 인생낙오자가 되지 않게 한번만 도와주시면 감사하겠습니다.

◎ 이제 악몽에서도 벗어나게 도와주시면 고맙겠습니다.

◎ 제가 열악한 한 가정의 가장으로 부모님을 모시고 열심히 살 수 있도록 기회를 주시면 다시는 이런 일이 없도록 하겠습니다.

◎ 술 이제는 먹지 않기로 작정했습니다.

◎ 피고인의 실수로 온 가족의 소망을 한꺼번에 내려놓아야 하는 절박한 처

지를 원망하면서 저는 아무것도 먹지 못하고 눈물로 지세우고 있습니다.

◎ 한번만 피고인을 용서해 주시면 다시는 법정에 서는 일 없도록 맹세하겠습니다.

◎ 모든 것은 제가 잘못하고 자처해서 일어난 일인데 절대 남을 탓할 일도 아니라고 생각하고 조금 일찍 일어나서 자전거를 이용하거나 버스를 타고 살아가려고 합니다.

◎ 피고인에게 선처를 간곡히 호소합니다.

◎ 피고인에게 한 번만 기회를 주시면 정말 이런 일 생기지 않도록 하겠습니다.

다. 이 사건 재판의 절차 진행에 있어, 법원에서 참작해 주기를 바라는 사항이 있으면, 구체적으로 밝혀 주시기 바랍니다.

○ 본건 공소사실에 대하여 검찰제출의 증거사용에 동의하겠습니다.

○ 모두 인정하겠습니다.

3. 성행 및 환경에 관한 의견

가. 가족관계

(1) 가족사항 (사실상의 부부나 자녀도 기재하며 중한 질병 또는 장애가 있는 등 특별한 사정은 비고란에 기재)

관계	성 명	나이	학력	직업	동거여부	비 고
본인	○○○	○○	전문대	회사원	○	
부	○○○	○○	고졸	농업	○	거동이 불편
모	○○○	○○	고졸	농업	○	

(2) 주거사항

    ○ 자가 소유(시가 :　　　　　정도)

    ○ 전세(보증금 : 1억 6천만원, 대출금 8천만 원)

    ○ 월세(보증금 :　　　　　원)

    ○ 기타(무상거주 :　　　　)

(3) 가족의 수입

    ○ 현재는 아버지께서 교통사고로 쓰러지신 후 피고인이 어머님과 아버님을 모시고 생활하고 있으며 피고인이 회사에서 받는 월 급료 3,800,000원으로 온 가족이 생활하고 있습니다.

나. 피고인의 학력직업 및 경력

(1) 피고인의 학력

    ◎ 피고인은 ○○○○. ○○. ○○초등학교를 졸업했습니다.

    ◎ 피고인은 ○○○○. ○○. ○○중학교를 졸업했습니다.

    ◎ 피고인은 ○○○○. ○○. ○○고등학교를 졸업했습니다.

    ◎ 피고인은 ○○○○. ○○. 경기대학교 산업공학과를 졸업하였습니다.

(2) 과거의 직업, 경력

    ○ 피고인은 현재의 광주광역시 광산구 ○○로 ○길 ○○, 소재 주식회사 ○○산업 디자인기획실에서 기술연구원으로 열심히 일하고 있습니다.

(3) 현재의 직업 및 월수입, 생계유지 방법

    ◎ 피고인의 아버님과 어머님께서 고향 전라남도 나주시 ○○로 ○○마을에서 농사를 짓고 사시다가 아버님께서 교통사고 거동이 불편하셔서 피고인이 부모님을 현재의 주소지로 모시고 살고 있으며 피고인이

위 직장에서 받는 월 급료 3,800,000원으로 아버님의 병원비와 대출의 이자를 지급하면서 온 가족이 생계를 유지하고 있습니다.

(4) 향후 취직을 하거나 직업을 바꿀 계획 유무 및 그 내용, 자격증 등 소지 여부

◎ 피고인은 기계디자인과 관련한 자격증을 가지고 있고 지금 다니고 있는 회사에서 자동차부품디자인연구를 담당하는 연구원으로서 최선을 다해 노력하고 있습니다.

다. 성장과정 및 생활환경 (부모나 형제와의 관계, 본인의 결혼생활, 학교생활, 교우관계, 성장환경, 취미, 특기, 과거의 선행 등을 기재)

◎ 피고인의 성격은 차분하면서도 활발하며 항상 남에게 베풀고 싶은 성격을 가지고 있습니다.

◎ 힘든 분들을 위해 봉사한다는 생각을 가지고 살고 매사 적극적으로 추진해내려는 성격을 지니고 있습니다.

◎ 운동을 좋아하는 등 건강은 양호하고 학교생활에서도 친구들과 정말 사이좋게 지내는 친구들이 주변에 많은 편이고 지금도 친구들을 자주 만나고 있습니다.

◎ 피고인은 꾸준이 시간을 내서 봉사활동을 해오고 있고 작은 금액이지만 성의껏 소외계층을 위해 기부 하려고 노력하고 있습니다.

라. 피고인 자신이 생각하는 자기의 성격과 장·단점

○ 피고인은 차분한 성격으로 매사에 적극적으로 추진하려는 의지력을 가지고 있습니다.

4. 정상에 관한 의견(공소사실을 인정하지 않는 경우 기재하지 않아도 됨)

가. 범행을 한 이유

□ 피고인은 사고 당일 직장에서 신제품 출시와 관련하여 회식이 있었는데 술을 마신 후 회식이 끝날 무렵인 9시 30분경부터 근처에 있는 사

우나에서 사우나를 하는 등 수면을 취하고 그 다음날 새벽 1시 40분 경까지 약 4시간이 넘도록 음주운전을 피하기 위해 장시간을 보내다 가 이정도면 괜찮겠다는 착오를 일으켜 운전을 하다가 그만 이번과 같은 사고가 발생하였습니다.

□ 피고인의 착오에 의한 운전이었지만 이번과 같은 사고가 발생한 데 대하여 이유여하를 막론하고 자복하며 반성하고 있습니다.

□ 이런 일이 생겨 거동이 불편하신 부모님께 죄송하고 얼굴을 제대로 바라보지 못할 행동을 하고 말았습니다.

□ 저로 인하여 졸지에 피해를 당하신 피해저분은 얼마나 충격이 크시겠습니까. 정말 죄송하고 죽을죄로 졌습니다.

□ 피고인은 뼈저리게 뉘우치고 반성하고 또 반성하고 있습니다.

나. 피해자와의 관계

○ 전혀 모르는 분이 십니다.

다. 합의 여부 (미합의인 경우 합의 전망, 합의를 위한 노력 및 진행상황)

◎ 피고인으로서는 이 사건 음주사고 이후 출근하기 전이나 퇴근하고도 바로 피해자께 찾아가 용서를 빌고 무릎을 꿇고 사죄를 드렸습니다.

◎ 피고인은 어떨 때는 하루 온종일 피해자닌 집 앞에서 기다리고 있다가 피해자를 만나지 못하고 돌아온 적도 여러 번 있었지만 끝까지 피해자님께 찾아가 사죄하고 용서를 빌었습니다.

◎ 최선을 다한 결과 피해자 분께서 많이 다친 것은 아니지만 젊은 사람의 성의를 봐서 용서하신다며 엄청 놀랐다고 하시면서 우황청심환을 사오라고 하셔서 1박스 사다드렸더니 합의금을 받지 않고 흔쾌히 합의를 해주셨습니다.

◎ 피고인은 피해자 분께서 우황청심환으로 합의해 주신데 대하여 고마운 마음으로 눈시울을 붉혔습니다.

◎ 합의를 작성해 주시는 과정에서 피고인에게 피해자 분께서 하신 말씀 중에서 아직도 생생하게 기억이 나는 말씀으로 사나이로 태어나 도둑질하지 말고 술 먹고 운전하지 말아야 한다는 말씀 새겨듣고 피고인은 아예 술을 끊었습니다.

◎ 정말 죄송합니다.

라. 범행 후 피고인의 생활

○ 피고인은 이 사건 범행의 잘못을 깊이 뉘우치고 위 범행을 자복하며, 우리 가족의 생계유지를 위해 열심히 직장생활에 최선을 다하고 있으며, 피해자 분께서 하신 말씀 되새기며 다시는 이런 일이 생기지 않게 하려고 노력하고 있습니다.

○ 혹시나 부모님께서 아시고 쓰러지시면 어떻게 하나 하는 걱정이 앞서 늘 노심초사하고 있습니다.

○ 피고인에 대한 잘못으로 숨소리도 부모님 앞에서는 죽이고 지내고 있습니다.

○ 더 열심히 하고 있습니다.

마. 현재 질병이나 신체장애 여부

○ 건강은 양호한 편입니다.

바. 억울하다고 생각되는 사정이나 애로사항

◎ 피고인은 잘못을 깊이 뉘우치고 반성하고 있는 점 두루 살피시어 선처를 간곡히 호소합니다.

◎ 피고인이 음주후의 상당한 시간을 보내고 가급적이면 음주운전을 피하려고 노력을 했었다는 점, 이정도의 시간이 지났기 때문에 괜찮을 것이라는 잘못된 착오에 의하여 음주운전을 하였다는 점, 피고인은 초범이라는 점, 인명피해가 경미하는 점, 피해자와 원만히 합의가 되어 피해가 복구되었다는 점, 피고인은 이 사건 사고로 많은 것을 뉘우치고 잘못을 반성하고 있는 점을 헤아려 주셨으면 고맙겠습니다.

◎ 피고인은 이번의 사고로 인하여 정신적으로도 많은 고통을 겪어야 하는 상황이지만 존경하는 재판장님의 판결에 따라 피고인이 거동이 불편하신 부모님을 편히 모실 수 있습니다.

◎ 법 이전에 한 인간을 불쌍히 여기고 자비로우신 우리 재판장님의 판결이 피고인으로 하여금 다시금 기회를 주시고 피고인의 장래를 위하여 늘 학수고대하시고 계시며 거동이 불편하신 우리 아버님을 간호하시고 허드렛일도 마다하지 않고 뒷바라지를 해주시는 우리 어머니께 격려와 위안이 될 것이라고 믿어 의심치 않습니다.

◎ 저는 재판장님의 소중한 뜻이 무엇인지를 되새기고 다시는 이런 일이 생기지 않도록 하겠습니다.

◎ 착오에 의하여 한 순간의 실수를 행한 피고인에게 다시 한 번의 기회를 주신다는 의미에서 이번에 한하여 선처를 허락하여 주실 것을 아울러 간곡히 호소합니다.

사. 그 외형을 정함에 있어서 고려할 사항

□ 피고인은 이 사건 외에는 다른 일체의 범죄전력이 없습니다.

□ 피고인은 이 사건 이전에 성실히 직장생활을 하여 왔고, 거동이 불편하신 부모님을 부양하고 있고, 대출금에 대한 상환은 물론이고 이에 대한 이자를 납부하는 등 건실한 사회인으로 지내 왔습니다.

5. 양형기준표상 양형에 관한 의견

가. 본건은 양형기준표적용 대상 사건으로 특정범죄 가중처벌 등에 관한 법률 위험운전 치상의 영역에 해당합니다. 피고인에 대한 특별양형인자 중 감경요소로는 ①피고인은 음주운전을 피하려고 장시간 동안 수면을 취하는 등 노력을 하였다는 점, ②인명피해가 경미한 경우에 해당하고 ③피해자와 합의를 하여 피해복구를 들 수 있고, 가중요소는 존재하지 않습니다. 그리고 일반양형인자 중 감경요소로는 진지한 반성을 들 수 있고, 가중요소 또한 없습니다.

나. 따라서 피고인에 대하여는 일반 위험운전의 감경영역에 해당하여 그 형량 권고 범위가 1년 이상 15년 이하의 징역이나 1,000만 원 이상 3,000만 원 이하의 벌금형이라 할 것입니다. 그런데 본건의 음주운전을 피하려고 장시간 동안 수면을 취하는 등 착오에 의한 음주운전이라는 점, 인명피해가 경미한 점, 피해자와의 원만히 합의가 되었다는 점에 비추어 동종 사안에서 그 형 종을 벌금형으로 선택하는 것에 비추어 피고인에게도 그 형 종으로 벌금형으로 선택하여 주실 것을 간곡히 요청 드립니다.

라. 다시 한 번 피고인에 대한 선처를 호소합니다.

6. 양형을 위하여 조사해 주기를 바라는 사항

가. 피고인의 부모, 형제, 친척, 친구 등 양형조사를 해주기 바라는 사람의 이름과 연락처를 구체적으로 기재

○ 없습니다.

나. 피고인의 양형을 위하여 유리한 문서, 서류 기타 관련 증거 등에 관하여 구체적으로(소재지 등) 기재

◎ 피해자와 ○○○○. ○○. ○○. 작성한 합의서를 유리한 문서로 첨부하겠습니다.

7. 법원조사관의 면담을 원하는지 여부

법원조사관을 면담하여 양형에 관한 사실 및 의견에 관하여 도움을 받고 싶은가요?

(1) 원한다(   )

(2) 원하지 않는다(○)

(3) 기타(   )

소명자료 및 첨부서류

1. 가족관계증명서   1통
1. 합의서   1통

○○○○ 년 ○○ 월 ○○ 일

위 피고인 : ○ ○ ○   (인)

광주지방법원 형사 제○단독 귀중

(4) 음주운전 공소장 의견서 - 피치 못할 사정으로 음주운전을 하여 음주치료를 받을 수 있도록 한번만 더 기회를 달라는 음주의견서

의 견 서

사   건 : ○○○○고단○○○○호   도로교통법위반(음주운전)

피 고 인 : ○   ○   ○

대구지방법원 형사 제○단독 귀중

의 견 서

사 건 : ○○○○고단○○○○호 도로교통법위반(음주운전)

피 고 인 : ○ ○ ○

　　이 의견서는 피고인의 진술권 보장과 공판절차의 원활한 진행을 위하여 제출하도록 하는 것입니다. 피고인은 다음 사항을 기재하여 이 양식을 송부 받은 날로부터 7일 이내에 법원에 제출하시기 바랍니다. 진술을 거부하는 경우에는 진술을 거부한다는 내용을 기재하여 제출할 수 있습니다.

　　이 의견서는 피고인에 대한 양형자료로 사용될 수 있으니 양형에 참작할 유리한 내용이 있는 경우 빠짐없이 기재해 주시기 바랍니다.

1. 공소사실에 대한 의견

　가. 공소사실의 인정 여부

　　　(1) 공소사실을 모두 인정함(○)

　　　(2) 세부적으로 약간 다른 부분은 있지만 전체적으로 잘못을 인정함( )

　　　(3) 여러 개의 공소사실 중 일부만 인정함( )

　　　(4) 공소사실을 인정할 수 없음( )

　　　(5) 진술을 거부함( )

　나. 공소사실을 인정하지 않거나{1의 가. (3), (4) 중 어느 하나를 선택한 경우}, 사실과 다른 부분이 있다고 하는 경우{1의 가. (2)를 선택한 경우}, 그 이유를 구체적으로 밝혀 주시기 바랍니다.

○ 피고인은 이 사건 공소사실은 모두 인정하고 또한 깊이 뉘우치고 뼈저리게 반성하고 있습니다.

○ 이유여하를 막론하고 술을 먹고 해서는 안 되는 음주운전을 한데 대하여 입이 열 개라도 할 말이 없습니다.

피고인은 사고가 일어나기 전 친구의 아버님께서 돌아가시는 바람에 초상집에서 상주들과 같이 술을 조금밖에 마시지 않은 상태에서 집에 계시는 어머님께서 쓰러져 의식을 잃고 119구조대 도움을 받아 ○○병원 응급실로 후송된 후 사경을 헤매신다는 연락을 받고 피고인은 술을 먹었다는 생각이나 운전을 해서는 안 된다는 생각을 잊어버린 채 병원으로 급히 가려다가 200미터도 가지 못한 곳에서 음주운전으로 적발되었습니다.

○ 피고인이 어쩔 수 없는 상황에서 이 사건당일 또 음주운전을 하게 된 동기는 친구의 아버님께서 돌아가는 바람에 초상집에서 술을 마시고 있는데 집에 계시는 연로하신 어머님께서 갑자기 쓰러져 사경을 헤매시고 계신다는 연락을 받고 피고인으로서는 술을 마신상태를 잊어버린 채 운전을 하다가 적발된 것입니다.

○ 한번 두 번도 아니고 툭하면 음주운전 적발된데 대하여 죄송하고 부모님께 죄송스러워 얼굴을 들지 못할 지경입니다.

○ 정말 또 있을 수 없는 죄를 지고 말았습니다.

○ 피고인이 여러 번 반복해서 저지른 잘못을 재판장님께서 보실 때 마치 변명으로 비춰질 수도 있겠지만 지금까지는 벌금으로 끝났기 때문에 음주운전이라는 것을 정말 대수롭지 않게 생각하고 여기까지 온 것 같습니다.

피고인으로서는 법원에서 보내온 공소장 의견서와 국선변호인선정청구서를 받아보고 그 자리에 주저앉아 한참동안 정신까지 잃었습니다.

○ 피고인에 대한 판결을 내리시는 재판장님께서 보실 때는 피고인에 대한 음주운전의 적발된 경위에 대하여 진실이 허락하지 않는 억울한 부분이 있지만 또 빠져나가려는 것으로 비춰지면 판결결과에 큰 영향

은 미치지나 않을까 하는 입장에서 몹시 마음을 쓰며 애를 태우고 선처를 호소합니다.

○ 피고인으로서는 음주운전을 한 것은 맞습니다.

○ 그러나 저의 음주운전이 한번 도 아닌 여러 번 반복해서 음주운전을 한 것으로 비춰져 안타까울 뿐입니다.

○ 갑자기 쓰려져 아무것도 모르시고 거동조차 불편하신 어머님을 생각하면 미안하고 죄송한 마음 때문에 심장이 멈추는 것 같습니다.

○ 혹시라도 어머님께서 갑자기 쓰려지시는 바람에 병원으로 달려가다가 음주운전으로 걸렸다는 것을 아시는 날이면 그 충격으로 돌아가지는 않을까 늘 노심초사하고 있습니다.

○ 한편 어머님께서는 자식이 음주운전을 한 것도 모르시고 우리 가족을 위해 늘 걱정만 하시고 그것도 모르는 딸아이는 할머니 곁에서 한시도 눈을 떼지 않고 간호하는 모습을 보면 얼마나 미안한지 견딜 수 없는 고통 속에서 지내고 있습니다.

○ 피고인은 이번의 음주운전으로 인하여 잃은 것도 많고 버려야 할 것도 많습니다만 원만하면 걸어서 다니고 자전거나 대중교통을 이용함으로써 경제적으로도 많은 도움이 되고 있고 불편한 점은 피부로 느끼지만 그래도 피고인이 한 음주운전에 비하면 참을 만한데 저의 실수로 모든 것이 물거품은 되지는 않을까 하는 걱정이 눈앞을 가립니다.

2. 절차진행에 대한 의견

가. 이 사건 이외에 현재 재판진행 중이거나 수사 중인 다른 사건이 있다면, 해당 수사기관이나 법원과 그 사건명, 당사자 명을 기재하여 주시기 바랍니다.

○ 전혀 없습니다.

나. 이 사건 재판을 진행하기 전에 법원에 이야기하고 싶은 특별한 사정이 있습니까?

○ 갑자기 연로하신 노모님께서 쓰려져 사경을 헤매신다는 연락을 받고 급히 가야한다는 생각만하고 초상집에서 술을 마신 것도 잊어버리고 음주운전을 하게 되어 돌이킬 수 없는 상황으로까지 전개되어 모든 삶을 고스란히 내려놓을지도 모른다는 생각에 한동안 실의에 빠져 있었습니다.

○ 피고인은 한번 도 아니고 두 번이나 음주운전으로 적발되어 법에 의한 용서를 받았지만 다시는 음주운전을 하지 않겠다고 다짐도 했습니다만 피고인에게는 의지력이 약하다는 것을 절실히 깨닫고 술을 잊고 지냈지만 문상을 갔다가 상주들과 술을 마시던 중 어머님께서 쓰려졌다는 연락을 받고 다리가 후들후들 떨리고 눈앞이 캄캄하고 아무것도 보이지 않고 정신을 멍하니 잃고 있다가 운전을 하고 말았습니다.

○ 피고인은 이 사건 사고 이후 심적으로 불안하고 밤에 잠을 잘 수도 없고 정신이 나간 사람 같아서 대전광역시 ○○구 ○○로길 소재하는 ○○내과의원으로 ○○○○. ○○. ○○. 찾아가 진료를 받았습니다.

○ 진료를 담당하신 원장님께서 피고인은 지금 심한 우울증으로 불안장애가 있어 이를 극복하려고 술을 마실 수밖에 없다는 진단을 받고 장기적인 치료를 받으면 술도 끊을 수 있고 우울증세도 치유될 수 있다는 진단까지 받고 의사소견서를 발급받아 의견서 말미에 첨부하였습닌까.

○ 피고인으로서는 지금까지 술만 먹고 가족들에게 잘 해주지 못한 것도 는 미만하고 이번에 쓰려져 병원에 계시는 어머님께 호도도 제대로 하지 못하고 정말 한심한 인생을 살았던 것 같습니다. 는 미안하고 죄송하게 생각합니다.

○ 후회가 막심합니다.

○ 늦었지만 이제라도 뉘우치고 음주치료를 받기로 하고 약을 복용한 후로는 술이라는 것을 전혀 생각나지도 않고 불안장애가 없어져 기분까지 좋아졌음을 몸소 느끼고 있습니다.

○ 술 때문에 빚어진 음주운전 피고인의 건강을 위해 술을 끊겠다고 생각으로 ○○○○. ○○. ○○.에 피고인이 운전하던 이 사건 차량을 대전시 ○○○에 사시는 ○○○이라는 분에게 이미 양도하여 운전할 일

이 없어졌습니다.

○ 존경하는 우리 재판장님께서 이번 한번만 더 피고인에게 관용을 베풀어 주시면 앞으로 절대 음주운전으로 재판을 받고 법정에 서는 일은 없게 하겠습니다.

○ 피고인은 매일같이 음주운전으로 적발되는 악몽을 꾸고 있습니다. 음주치료를 받을 수 있게 도와주시고 악몽에서도 벗어나게 도와주시면 고맙겠습니다.

○ 피고인에게 선처를 간곡히 호소합니다.

다. 이 사건 재판의 절차 진행에 있어, 법원에서 참작해 주기를 바라는 사항이 있으면, 구체적으로 밝혀 주시기 바랍니다.

○ 본건 공소사실에 대하여 검찰제출의 증거사용에 동의하겠습니다.

○ 모두 인정하겠습니다.

3. 성행 및 환경에 관한 의견

가. 가족관계

(1) 가족사항 (사실상의 부부나 자녀도 기재하며 중한 질병 또는 장애가 있는 등 특별한 사정은 비고란에 기재)

관계	성 명	나이	학력	직업	동거여부	비 고
본인	○○○	53	고졸	○○○	○	
녀	○○○	23	학생	대학원생	○	
모	○○○	86	고졸	무직	○	거동이 매우 불편함

(2) 주거사항

　　자가 소유(시가 : 　　　　　　정도)

　　전세(보증금 : 1억 7,000만 원, 대출금 1억 원)

　　월세(보증금 : 　　만 원, 월세 　만 원)

　　기타(무상거주 : 　　　　　　　)

　　○ 피고인 명의로 계약한 주택은 약 20여 평에 달하고 안방 1개와 작은 방으로 구성되어 있으며 안방에서는 거동이 불편하신 어머님 께서 사용하시고 작은방은 딸아이가 사용하고 피고인은 주로 거실 에서 생활하고 있습이다.

(3) 가족의 수입

　　○ 현재는 수입이 일정하지 않는 편이지만 피고인이 월 150만 원에 서 200여만 원의 수입밖에 없는 실정입니다.

나. 피고인의 학력·직업 및 경력

(1) 피고인의 학력

　　○ 피고인은 1976. 3. ○○초등학교를 졸업했습니다.

　　○ 피고인은 1979. 3. ○○중학교를 졸업했습니다.

　　○ 피고인은 1982. 3. ○○고등학교를 졸업했습니다.

(2) 과거의 직업, 경력

　　○ 피고인은 1985. 6. 단기해병대 전역하였습니다.

　　○ 피고인은 1989. 7. ○○리조트 영업부 과장근무하였습니다.

　　○ 피고인은 1994. 6. ○○읍내 의류매장 오픈하였습니다.

　　○ 피고인은 2006. 11. ○○○면허를 취득하였습니다.

　　○ 현재는 건축현장에서 관련 업무를 보고 있습니다.

(3) 현재의 직업 및 월수입, 생계유지 방법

    ○ 피고인은 현재 건축현장에서 허드렛일을 하고 얻어지는 수입 월 150만 원 이상 약 200여만 원으로 딸아이의 학비와 거동이 불편하신 어머님의 치료비 등을 지출하는 등 정말 어렵게 생활하고 있습니다.

(4) 향후 취직을 하거나 직업을 바꿀 계획 유무 및 그 내용, 자격증 등 소지 여부

    ○ 피고인은 그 어렵다는 ○○○를 취득하여 ○○○을 하려고 하지만 지금은 부동산이 침체되어 다른 사람이 건축하는 현장에서 막노동 같은 일을 하고 일당을 받고 생활하면서 틈틈이 목표를 세우고 열심히 노력하고 있습니다.

다. 성장과정 및 생활환경 (부모나 형제와의 관계, 본인의 결혼생활, 학교생활, 교우관계, 성장환경, 취미, 특기, 과거의 선행 등을 기재)

○ 피고인의 성격은 차분하면서도 활발하며 항상 남에게 베풀고 싶은 성격을 가지고 있습니다.

○ 힘든 분들을 위해 봉사한다는 생각으로 매사 적극적으로 추진해내려는 성격도 지니고 있습니다.

○ 특히 주변 분들과 운동을 하는 등 건강은 양호하고 학교생활에서도 친구들과 정말 사이좋게 지냈을 뿐 아니라 친구들이 주변에 많고 지금도 우리 친구들을 자주 만나고 있습니다.

○ 피고인은 틈틈이 봉사활동을 해오고 있고 작은 금액이지만 성의껏 소외계층을 위해 꾸준히 기부도 하려고 노력하고 있습니다.

라. 피고인 자신이 생각하는 자기의 성격과 장·단점

○ 피고인은 차분한 성격을 지니고 매사에 적극적인 의지를 가지고 있습니다.

4. 정상에 관한 의견(공소사실을 인정하지 않는 경우 기재하지 않아도 됨)

가. 범행을 한 이유

○ 피고인은 친구 아버님께서 돌아가시는 바람에 조문을 갔다가 상주들과 술을 마시던 중 갑자기 연로하신 노모님께서 쓰려져 정신을 잃고 사경을 헤매신다는 연락을 받고 술을 마신 것도 잊어버린 채 또 음주운전을 하다가 적발되었습니다.

○ 피고인의 실수로 또 이번과 같은 음주운전이 발생한 것으로 피고인은 이유여하를 막론하고 자복하며 반성하고 있습니다.

○ 피고인은 뼈저리게 뉘우치고 반성하고 또 반성하고 있습니다.

나. 피해자와의 관계

○ 없습니다.

다. 합의 여부(미합의인 경우 합의 전망, 합의를 위한 노력 및 진행상황)

○ 없습니다.

라. 범행 후 피고인의 생활

○ 피고인은 이 사건 음주운전에 대한 잘못을 깊이 뉘우치고 위 범행을 자복하며, 우리 가족의 생계유지를 위해 열심히 직장 생활에 최선을 다하고 있습니다.

○ 혹시나 갑자기 쓰려져 변원에 계시는 노모님께서 피고인에 대한 일을 아시고 돌아가시지는 않으실까 걱정이 앞서 늘 마음 조아리고 있습니다.

○ 저에 대한 잘못 때문에 연로하신 노모님 앞에서는 지금 숨소리도 죽여가며 지내고 있습니다.

마. 현재 질병이나 신체장애 여부

　　○ 건강은 양호한 편입니다.

바. 억울하다고 생각되는 사정이나 애로사항

　　○ 피고인은 잘못을 깊이 뉘우치고 반성하고 있는 점 들을 두루 살피시어 선처를 간곡히 호소합니다.

　　○ 법 이전에 한 인간을 불쌍히 여기시고 자비로우신 우리 재판장님의 판결이 피고인으로 하여금 다시금 기회를 주시고 거동조차 불편하신 우리 어머님께 격려와 위안이 될 수 있도록 선처를 간곡히 호소합니다.

　　○ 저는 재판장님의 소중한 뜻이 무엇인지를 되새기고 다시는 이런 일이 생기지 않도록 열심히 살겠습니다.

사. 그 외형을 정함에 있어서 고려할 사항

　　○ 다시 한 번 피고인에 대한 선처를 간곡히 호소합니다.

5. 양형을 위하여 조사해 주기를 바라는 사항

가. 피고인의 부모, 형제, 친척, 친구 등 양형조사를 해주기 바라는 사람의 이름과 연락처를 구체적으로 기재

　　○ 없습니다.

나. 피고인의 양형을 위하여 유리한 문서, 서류 기타 관련 증거 등에 관하여 구체적으로(소재지 등) 기재

　　○ 없습니다.

6. 법원조사관의 면담을 원하는지 여부

법원조사관을 면담하여 양형에 관한 사실 및 의견에 관하여 도움을 받고 싶은 가요?

(1) 원한다(　　　)

(2) 원하지 않는다(　○　)

(3) 기타(　　　)

소명자료 및 첨부서류

1. 자동차양도계약서　　　　　　　　　　　　　　　　　　　　　　1통
1. 진료기록(우울증, 불안장애 진료사항)　　　　　　　　　　　　　1통

○○○○ 년 ○○ 월 ○○ 일

위 피고인 : ○　○　○　　(인)

대전지방법원 형사 제○단독 귀중

제4장 공무집행방해 공소장 의견서 최신서식

(5) 공무집행방해 공소장 의견서 - 피고인이 일부 공소사실을 인정하고 구체적인 사실관계
를 설명하고 양형에 적극 반영해 달라는 의견서

의 견 서

사   건 : ○○○○고단○○○○호   공무집행방해 등

피   고   인2 : ○   ○   ○

대전지방법원 형사○단독 귀중

의 　 견 　 서

사　　　　　건 : ○○○○고단○○○○호 공무집행방해 등

피　고　인2 : ○　　　○　　　○

이 의견서는 피고인의 진술권 보장과 공판절차의 원활한 진행을 위하여 제출하도록 하는 것입니다. 피고인은 다음 사항을 기재하여 이 양식을 송부 받은 날로부터 7일 이내에 법원에 제출하시기 바랍니다. 진술을 거부하는 경우에는 진술을 거부한다는 내용을 기재하여 제출할 수 있습니다.

이 의견서는 피고인에 대한 양형자료로 사용될 수 있으니 양형에 참작할 유리한 내용이 있는 경우 빠짐없이 기재해 주시기 바랍니다.

1. 공소사실에 대한 의견

가. 공소사실의 인정 여부

(1) 공소사실을 모두 인정함(　)

(2) 세부적으로 약간 다른 부분은 있지만 전체적으로 잘못을 인정함(○)

(3) 여러 개의 공소사실 중 일부만 인정함(　)

(4) 공소사실을 인정할 수 없음(　)

(5) 진술을 거부함(　)

나. 공소사실을 인정하지 않거나{1의 가. (3), (4) 중 어느 하나를 선택한 경우}, 사실과 다른 부분이 있다고 하는 경우{1의 가. (2)를 선택한 경우}, 그 이유를 구체적으로 밝혀 주시기 바랍니다.

○ 피고인은 평소에도 술을 잘 못 먹는 편이지만 술을 조금만 마셔도 저 자신을 컨트롤하기 힘들어지는 상황으로 이어져 이 사건 범행 당일에도 귀가한 기억은 전혀 생각나지 않지만 그 이후의 범행 또한 대부분 기억에 나지 않습니다.

○ 수사기관에서 조사를 받는 과정에서 CCTV를 보고서야 알게 된 일이지만 사실은 남자친구인 같은 피고인1 ○○○가 베란다 밑으로 담배꽁초를 무심코 버린 것은 맞습니다. 그 밑에 있던 피해자가 담배꽁초에 맞지도 않았음에도 밤11시가 넘은 시간에 담배꽁초를 버렸다는 이유로 전혀 모르는 피고인1의 집으로 찾아와 심한어조로 항의를 하였는데, 그 피해자는 아래층인 3층에 사는 분도 아니었고 8층에 사는 사람으로 밝혀졌습니다.

○ 이때만 해도 피고인2는 만취된 상태에서 남자친구인 피고인1의 집에서 잠시 잠들어 있던 사이 현관 앞에서 이러한 소란이 벌어졌습니다.

몸을 제대로 가눌 수 없었을 정도로 만취한 피고인2로서도 그 말다툼을 뜯어 말려야겠다는 생각으로 순식간에 일어난 일로서 대부분은 기억이 나지 않지만 피고인2가 격분하게 된 것은 피고인1 ○○○가 피해자 황○○에게 이유여하를 막론하고 담배꽁초를 투척한데 대하여 사과를 하고 앞으로는 절대 이런 일이 없도록 하겠다고 하였는데도 그 옆에 서있던 피해자 황○○의 여자친구가 112범죄 신고를 하려고 하는 모습을 보고 이에 피고인2가 그 핸드폰을 뿌리치자 땅바닥으로 떨어졌던 것으로 기억은 납니다.

○ 피고인2 ○○○는 이기지도 못하는 술을 많이 마신 상태라 심신이 미약한 상태에서 순식간에 일어난 범행이 마치 의도적으로 범행을 저지른 것으로 오해를 불러일으킨 부분을 솔직하게 진술하고 잘못되어진 공소사실을 바로잡았으면 하는 마음이 간절하지만 자칫 잘못하면 피해자분들을 탓이나 하고 범행을 부인하는 것으로 비춰질까봐 간단하게 아는 대로 사건의 범행동기를 말씀드렸습니다.

○ 그러나 이 사건 범행의 발단은 피고인2가 시비를 붙거나 고의적으로 피해자들에게 남자친구인 피고인1이 담배꽁초를 버린 것이 아닌데 밤늦은 시간에 찾아와 항의를 하는 과정에서 죄송하다고 사과를 했으면 그냥 넘어갈 수도 있는 일인데 그 옆에서 바라보고 있는 피해자 황○○의 여자 친구인 피해자가 112범죄 신고를 하려고 하는 것에 술에 만취한 피고인2가 이에 격분한 나머지 그의 핸드폰을 뿌리치면서 사건이 발단된 것임을 감안할 때 피고인2가 휴대폰을 뿌리친 것은 잘못된 일이지만 피해자 황○○이나 그의 여자 친구인 같은 피해자가 피고인1의 정중한 사과에도 아랑곳하지 않고 시비를 붙고 싸움을 자처하고 원인제공을 하였으므로 정상 참작해 주실 것을 간곡히 호소합니다.

2. 절차진행에 대한 의견

가. 이 사건 이외에 현재 재판진행 중이거나 수사 중인 다른 사건이 있다면, 해당 수사기관이나 법원과 그 사건명, 당사자 명을 기재하여 주시기 바랍니다.

○ 없습니다.

나. 이 사건 재판을 진행하기 전에 법원에 이야기하고 싶은 특별한 사정이 있습니까?

○ 피고인2는 여자입니다.

저는 술을 잘 못 먹는 편이지만 술 먹는 게 재미있고, 술자리가 저에게는 재미있습니다.

제게 있어서 문제는 술을 잘 못 먹는다는데 있습니다.

술을 조금만 마셔도 사람들에게 전화하고 저 자신을 컨트롤하기엔 힘들어지고 그 후부터는 막 울고, 불고 물건을 막 떨어뜨리고 정신을 못 차립니다.

○ 이제는 술을 안 먹겠다고 작정했습니다.

술을 끊는다는 것은 저의 정신건강에도 유익하기 때문에 술을 끊기로 작심했습니다.

○ 사고 당일에도 아무런 일이 생기지 않을 수 있었는데 지금 생각하면 모두가 제 탓인 것 같습니다.

물론 피해자 황○○이나 그 여자 친구인 피해자가 밤늦은 시간에 불쑥 찾아와 거세게 항의하고 시비를 붙었어도 진심으로 피고인1이 이들에게 사과를 했음에도 이에 거치지 않고 계속해서 112신고를 운운하는 피해자들에 대하여 피고인2가 술을 많이 마셨기 때문에 그만 감정이 격해져 전술한 바와 같이 이러한 일이 생긴데 대하여 속죄하고 있습니다.

다. 이 사건 재판의 절차 진행에 있어, 법원에서 참작해 주기를 바라는 사항이 있으면, 구체적으로 밝혀 주시기 바랍니다.

○ 본건 공소사실에 대하여 검찰제출의 증거사용에 동의하겠습니다.

3. 성행 및 환경에 관한 의견

가. 가족관계

관계	성 명	나이	학력	직업	동거여부	비 고
본인	○○○	37	대학원	무직	○	
부	○○○	65	대졸	농업	○	식도암 폐 암
모	○○○	67	고졸	농업	○	장애진단
오빠	○○○	40	대졸	연구원		

(1) 가족사항 (사실상의 부부나 자녀도 기재하며 중한 질병 또는 장애가 있는 등 특별한 사정은 비고란에 기재)

○ 피고인2의 오빠 ○○○은 결혼한 후부터는 피고인2의 가족과는 인연을 끊고 사실상 부모님과 피고인2만 농가주택에서 살고 있습니다.

(2) 주거사항

자가 소유(시가 :   정도)

전세(보증금 : 원,   원)

월세(보증금 :   원)

기타(무상거주 : 부모님 소유의 농가주택에서 무상거주)

(3) 가족의 수입

○ 피고인2의 부모님께서 농사일을 하시고 벌어들이는 수입이 계절마다 약간씩 다르지만 월 약 100여만 원의 수입이 있습니다.

나. 피고인의 학력·직업 및 경력

(1) 피고인의 학력

○ 피고인2은 1993. 2.경 전라북도 ○○초등학교를 졸업했습니다.

○ 피고인2은 1996. 2.경 전라북도 ○○여자중학교를 졸업했습니다.

○ 피고인2은 1999, 2.경 ○○여자고등학교를 졸업했습니다.

○ 피고인2은 2002. 3.경 ○○정보대 피부미용과를 졸업하였습니다.

○ 피고인2은 2010. 3.경 ○○대학교를 편입하였습니다.

○ 피고인2은 2012. 2.경 ○○대학교를 졸업하였습니다.

○ 피고인2은 2015. 2.경 ○○대학원을 졸업하였습니다.

(2) 과거의 직업, 경력

　　○ 피고인2은 2001. 10.부터 2003. 3.까지 ○○시 ○○구 ○○동 소재 ○○○ 에스에틱에서 근무.

　　○ 피고인2은 2004. 8.부터 2009. 12.까지 전라북도 ○○군 소재에 있는 ○○가정의학과의원에 근무.

　　○ 피고인2은 2006. 9.부터 2008. 8. ○○시 ○○구에 소재하는 그린 성형외과 피부과에 근무.

　　○ 피고인2은 2012. 4.부터 2013. 5.까지 ○○도 ○○시 소재에 있는 예쁜 성형외과 피부과에 근무.

　　○ 현재는 시골에서 부모님의 농사일을 돕고 있습니다.

(3) 현재의 직업 및 월수입, 생계유지 방법

　　○ 피고인2는 무직으로 시골에서 부모님의 농사일을 돕고 있으며, 부모님께서 농사일로 얻는 수입 월 100여만 원의 수입으로 전 가족이 생계를 유지하고 있습니다.

(4) 향후 취직을 하거나 직업을 바꿀 계획 유무 및 그 내용, 자격증 등 소지 여부

　　○ 아버님께서 여러 번의 대형수술을 받으시느라 가정형편이 매우 어려운 가정형편에서 피고인2가 본건으로 인하여 피해자에게 지급한 합의금의 부채도 변제하여야 하고 가정형편을 위하여 돈을 벌어야 하기 때문에 전공인 피부비용을 되살려 하루속히 취업을 하려고 가진 노력을 다하고 있습니다.

　　○ 머지않아 취업이 될 것으로 확신하지만 피고인2로서는 전공을 살릴 수 있는 피부비용에만 열중하려고 합니다.

다. 성장과정 및 생활환경 (부모나 형제와의 관계, 본인의 결혼생활, 학교생활, 교우관계, 성장환경, 취미, 특기, 과거의 선행 등을 기재)

○ 피고인2의 성격은 차분하면서도 활발하며 항상 남에게 베풀고 싶은 성격을 가지고 있습니다.

○ 힘든 분들을 위해 봉사한다는 생각으로 매사 적극적으로 추진해내려는 성격도 함께 지니고 있습니다.

○ 특히 주변 분들과 운동을 하는 등 건강은 양호하고 학교생활에서도 친구들과 정말 사이좋게 지내는 친구들이 주변에 상당히 많고 지금도 우리 친구들을 자주 만나고 있습니다.

○ 피고인은 틈틈이 봉사활동을 해오고 있고 작은 금액이지만 성의껏 소외계층을 위해 꾸준히 기부 하려고 노력하고 있습니다.

라. 피고인 자신이 생각하는 자기의 성격과 장·단점

○ 피고인2는 여자이지만 차분한 성격을 지니고 매사에 적극적인 의지를 가지고 있습니다.

4. 정상에 관한 의견(공소사실을 인정하지 않는 경우 기재하 지 않아도 됨)

가. 범행을 한 이유

○ 피고인2는 남자친구들과 만나 교제하는 도중에 이런 저런 얘기를 나누면서 술을 마시게 되었지만 피고인2로서는 여자로서 술을 많이 마시지 못하지만 술을 마시는 것을 좋아하는 편입니다.

○ 이 사건 범행 당일에도 피고인2로서는 술에 만취되어 막 울고, 불고했다는 정도로 만취된 상태에서 남자친구인 피고인1의 집에서 세상모르게 만취상태로 자고 있었는데 후에 알게 된 일이지만 남자친구인 피고인1이 담배를 피우다가 아마 무심코 베란다 방향으로 담배꽁초를 버렸는데 아래층에 사는 사람이면 몰라도 그 위층에서 사는 사람으로 보이는 피해자 황○○과 그의 여자 친구가 밤늦은 시간에 찾아와 피고인1이 이들에게 정중하게 사과를 하였는데도 시비를 붙고 옥신각신하더니 결국 피해자의 여자 친구가 112범죄 신고를 하겠다며 휴대전화

를 거는 듯한 모습을 본 피고인2가 이에 감정이 격해져 휴대폰을 잡아 뿌리치는 중 그만 바닥에 떨어져 재물손괴가 된 것입니다.

○ 이렇게 하여 옥신각신하던 중 112범죄 신고를 받고 출동한 경찰관에게 피고인2는 그때만 해도 만취상태에서 인사불성이 된 상태로 경찰관으로 하여금 약간의 몸싸움이 생긴 것은 사실이지만 서로 밀고 당기는 과정에서 출동한 경찰관이 피고인2를 제지하는 것을 피하면서 일어난 것이며 결코 경찰관에게 폭행을 가하거나 공무집행에 항거하거나 폭력을 행사한 사실은 없습니다.

나. 피해자와의 관계

○ 전혀 모르는 분들이십니다.

다. 합의 여부 (미합의인 경우 합의 전망, 합의를 위한 노력 및 진행상황)

○ 피고인2는 재물손괴부분과 관련하여 피해자에게 찾아가 정중하고 사과하고 용서를 호소하며 피해복구의 비용으로 금 1,000,000원을 지급하고 원만하게 합의하여 이미 그 합의서를 제출하였습니다.

○ 피고인2는 업무방해와 관련하여서는 피해자 종업원 ○○○에게 찾아가 정중하게 사과하였고 피해복구비용으로 금 2,000,000원을 지급하는 등 원만하게 합의를 하고 이미 합의서를 제출하였습니다.

○ 피해자 손님 ○○○에게도 찾아가 정중하게 사과하고 용서를 구하면서 피해복구비용으로 금 500,000원을 지급하고 합의를 하였으며 이미 이에 대한 합의를 제출하였습니다.

○ 피해자 주점주인 ○○○에게도 피고인2가 찾아가 정중하게 사과의 말씀을 올리고 피해복구비용으로 금 700,000원을 지급하고 모두 합의하고 이미 합의서를 제출하였습니다.

라. 범행 후 피고인의 생활

○ 피고인2는 현재 시골에서 농사일을 하시는 부모님을 돕고 있고, 여기 저

기에 피부비용의 전공을 살려 취업하기 위해 열심히 노력하고 있습니다.

마. 현재 질병이나 신체장애 여부

○ 건강은 양호한 편입니다.

바. 억울하다고 생각되는 사정이나 애로사항

○ 피고인2는 이유야 어찌되었건 격분을 이기지 못하고 여자가 그 것도 만취상태에 이런 일을 저지른데 대하여 입이 열 개라도 할 말이 없습니다.

○ 만취상태로 자기 자신의 몸도 제대로 가누지도 못하는 피고인2가 이에 편승하여 재물을 손괴하고 공무집행을 방해하고 나아가서는 영업을 방해하였다고 몰아붙이며 마치 큰 범죄자로 낙인을 찍는 것에 대하여 정말 억울하게 생각합니다.

○ 피고인2는 평소에 얌전한 숙녀입니다.

술을 너무나 많이 먹어 몸도 제대로 가누지도 못하는 여자인 저에게 흉악범으로 몰아붙이는 현실이 너무나 야속합니다.

○ 피고인2가 잘했다는 것은 아니지만 만취상태에서 심신이 미약한 여성에게 이렇게 가혹한 처벌의 잣대를 들이대는 것은 정말 억울합니다.

사. 그 외형을 정함에 있어서 고려할 사항

○ 본건의 경우 피고인2는 여성으로 범행 당시 만취되어 심신미약 상태에서 그 정도가 현저히 약하다 할 것이고, 현재까지의 재판실무상 본건과 유사한 수위의 동종 사안에서 그 형 종을 벌금형으로 선택하여 온 것에 비추어 피고인2에게도 그 형 종으로 벌금형으로 선택하여 주실 것을 간곡히 호소합니다.

○ 또한 피고인2는 피해자를 일일이 찾아다니면서 정중히 사과드리며 모두 원만히 합의하고 피해회복을 하였으며, 오늘날 공무집행에 대한 엄

벌추세 등에 비추어 피고인2에게는 범죄경력이 전혀 없고, 아직 젊은 나이에 곧 혼인을 앞두고 있는 여성으로서의 피고인2에게 사회생활을 영위함에 있어 상당히 무거운 족쇄로 작용할 것이 자명한바, 한 순간의 실수를 행한 피고인2에게 다시 한 번의 기회를 주신다는 의미에서 이번에 한하여 선고유예의 선처를 허락하여 주실 것을 아울러 간곡히 호소합니다.

○ 피고인2의 경우에는 아무런 범죄전력이 없습니다.

○ 피고인2에게는 재범위험성보다는 개선가능성이 현저히 높습니다.

○ 술기운에 취해 우발적으로 이뤄졌던 것입니다.

○ 혼인을 앞두고 있는 여성으로서의 피고인2에게는 사회생활에 있어 사형선고를 내리는 것과 같습니다.

○ 피고인2는 본건 범행을 깊이 반성하고, 문제가 된다는 술까지 아예 끊고, 피해자에게 상당부분 피해를 회복하여 원만히 합의에 이른 점 등을 감안하셔서 귀원께서 이상의 사정을 종합하여 법이 허용하는 범위 내에서 최대한의 선처와 관용을 베풀어 주실 것을 간곡히 부탁드립니다.

5. 양형을 위하여 조사해 주기를 바라는 사항

가. 피고인의 부모, 형제, 친척, 친구 등 양형조사를 해주기 바라는 사람의 이름과 연락처를 구체적으로 기재

○ 없습니다.

나. 피고인의 양형을 위하여 유리한 문서, 서류 기타 관련 증거 등에 관하여 구체적으로(소재지 등) 기재

○ 없습니다.

○ 이미 합의서는 모두 제출하였습니다.

6. 법원조사관의 면담을 원하는지 여부

법원조사관을 면담하여 양형에 관한 사실 및 의견에 관하여 도움을 받고 싶은 가요?

(1) 원한다(   )

(2) 원하지 않는다(○)

(3) 기타(   )

○○○○ 년 ○○ 월 ○○ 일

위 피고인2 : ○　○　○　　(인)

대전지방법원 형사○단독 귀중

---

* 각 사항은 사실대로 구체적으로 기재하여야 하며, 기억나지 않는 부분은 기재하지 않아도 됩니다.
* 변호인이나 가족의 도움을 받아 작성할 수 있습니다.
* 진술을 거부하는 경우에는 그 뜻을 기재하여 제출할 수 있습니다.
* 지면이 부족하면 별도의 종이에 적어 첨부할 수 있으며, 참고할 만한 자료가 있으면 함께 제출하시기 바랍니다.

의　　　견　　　서

사　　　　　건 : ○○○○고단○○○○호　공무집행방해

피　고　인 : ○　　　○　　　○

청주지방법원 형사3단독 귀중

의 견 서

사 　 　 건 : ○○○○고단○○○○호 　 **공무집행방해**

피 고 인 : ○ 　 　 ○ 　 　 　 ○

　　이 의견서는 피고인의 진술권 보장과 공판절차의 원활한 진행을 위하여 제출하 도록 하는 것입니다. 피고인은 다음 사항을 기재하여 이 양식을 송부 받은 날로부 터 7일 이내에 법원에 제출하시기 바랍니다. 진술을 거부하는 경우에는 진술을 거 부한다는 내용을 기재하여 제출할 수 있습니다.

　　이 의견서는 피고인에 대한 양형자료로 사용될 수 있으니 양형에 참작할 유리한 내용이 있는 경우 빠짐없이 기재해 주시기 바랍니다.

1. 공소사실에 대한 의견

　　가. 공소사실의 인정 여부

　　　　(1) 공소사실을 모두 인정함(　)

　　　　(2) 세부적으로 약간 다른 부분은 있지만 전체적으로 잘못을 인정함(○)

　　　　(3) 여러 개의 공소사실 중 일부만 인정함(　)

　　　　(4) 공소사실을 인정할 수 없음(　)

　　　　(5) 진술을 거부함(　)

　　나. 공소사실을 인정하지 않거나{1의 가. (3), (4) 중 어느 하나를 선택한 경 우}, 사실과 다른 부분이 있다고 하는 경우{1의 가. (2)를 선택한 경우}, 그 이유를 구체적으로 밝혀 주시기 바랍니다.

○ 피고인은 여자로서 평소에도 술을 잘 못 먹는 편이지만 술을 조금만 마셔도 저 자신을 컨트롤하기 힘들어지는 상황으로 이어져 마구 우는 버릇이 있습니다. 이 사건 범행 당일에도 귀가한 기억은 전혀 생각나지 않지만 그 이후의 범행 또한 대부분 기억에 나지 않습니다.

○ 수사기관에서도 조사를 받는 과정에서 CCTV를 보고서야 비로소 알게 된 일이지만 길을 가는데 모르는 사람이 다가와 담배 있으면 달라고 해서 저는 담배를 피우지 않는다고 하자 피고인이 기억하기로는 무슨 욕설을 한 것으로 들었습니다.

○ 이렇게 시비가 되어 옥신각신 하는 과정에서 누군가가 112신고를 하였고 출동한 경찰관에게 담배 달라고 시비를 붙은 사람이 그런 사실이 없다고 거짓말을 하고 마치 피고인을 불량한 여자깡패취급을 하는 것 같아서 항변하는데 느닷없이 출동한 경찰관이 피고인만 유독 지구대로 연행하겠다며 팔을 잡아 끌어당기는 바람에 뿌리친 사실밖에 없었는데 그 경찰관의 진술에 의하면 피고인이 의도적으로 공무집행을 방해하면서 충동한 경찰관의 손목을 손톱으로 꼬집어 상해를 입혔다는데 있습니다.

○ 이유여하는 막론하고 여자인 피고인이 술을 먹었다는 것도 창피하고 부끄러운 일입니다.

이점에 대해서는 입이 열 개라도 할 말이 없습니다.

죄송하게 생각합니다.

그러나 결코 출동하신 경찰관아저씨를 손톱으로 꼬집거나 공무집행을 방해한 사실은 없습니다.

부모님의 이름을 걸고 하늘에 맹세하지만 추호도 경찰관을 폭행한 사실은 없습니다.

일이 이렇게까지 된 이상 부인하고 사정한다고 해서 달라질 것도 없겠지만 아닌 것은 아니고 사실이 아닌 것은 누명을 벗어야겠다는 생각밖에 없습니다.

○ 이때만 해도 피고인은 마시지도 못하는 술을 많이 마신 상태에서 일어

난 일이고 그 충동한 경찰관아저씨는 긴팔을 입고 있었는데 술에 취한 야간 여자의 몸으로 설사 꼬집었다손 치더라도 상처가 날 리가 없었을 텐데 꼬집어서 상처가 났다는 주장은 모순된 점이 있습니다.

○ 또 출동한 경찰관이 아무리 술에 취했다하더라도 피고인에게 시비를 상대방이 먼저 붙었으면 공평하게 처리하려했다면 이런 일도 없었을 텐데 그 경찰관은 피고인에게 이유를 들어보지도 않고 무조건 만취한 피고인만 탓하고 지구대로 마치 현행범인양 팔을 잡아끌고 가려고 해서 피고인으로서는 피고인의 팔을 잡아끈 경찰관아저씨의 팔을 연행되지 않으려고 뿌리친 것뿐입니다.

○ 피고인으로서는 여자로서 이기지도 못하는 술을 많이 마신 상태라 심신이 미약한 상태에서 생긴 것이 마치 의도적으로 범행을 저지른 것으로 오해를 불러일으킨 부분을 솔직하게 재판장님께 진술하고 잘못되어진 공소사실만이라도 바로잡았으면 하는 마음이 간절하지만 자칫 잘못하면 재판장님께 범행을 부인하는 것으로 비춰질까봐 간단하게 생각나는 대로 사건의 범행동기를 말씀드렸습니다.

○ 그러나 이 사건의 발단은 여자에게 담배를 달라고 시비를 붙고 원인제공을 한데서부터 비롯되었지만 출동한 경찰관 역시 오해를 소지를 가지고 피고인만 유독 연행하려고 피고인의 팔을 잡아 끈 잘못으로 인하여 피고인이 뿌리치면서 일어난 것이므로 정상 참작해 주실 것을 간곡히 호소합니다.

2. 절차진행에 대한 의견

가. 이 사건 이외에 현재 재판진행 중이거나 수사 중인 다른 사건이 있다면, 해당 수사기관이나 법원과 그 사건명, 당사자 명을 기재하여 주시기 바랍니다.

○ 없습니다.

나. 이 사건 재판을 진행하기 전에 법원에 이야기하고 싶은 특별한 사정이 있습니까?

○ 피고인은 술을 잘 못 먹는다는데 있습니다.

술을 조금만 마셔도 사람들에게 전화하고 저 자신을 컨트롤하기엔 힘들어지고 그 후부터는 막 울고, 불고 물건을 막 떨어뜨리는 등 정신을 못 차립니다.

○ 이제는 술을 안 먹겠다고 작정했습니다.

술을 끊는다는 것은 저의 정신건강에도 유익하기 때문에 이참에 술을 끊기로 작심했습니다.

○ 사고 당일에도 아무런 일이 생기지 않을 수 있었는데 지금 생각하면 모두가 제 탓인 것 같습니다.

물론 상대방이 담배를 달라고 시비를 붙었어도 모르는 채 지나갔으면 좋았을 텐데 그만 대취한 피고인이 어디에서 그런 용기가 나서인지 이런 일까지 자초하여 속죄하고 있습니다.

다. 이 사건 재판의 절차 진행에 있어, 법원에서 참작해 주기를 바라는 사항이 있으면, 구체적으로 밝혀 주시기 바랍니다.

○ 본건 공소사실에 대하여 검찰제출의 증거사용에 동의하겠습니다.

3. 성행 및 환경에 관한 의견

가. 가족관계

관계	성 명	나이	학력	직업	동거여부	비 고
본인	○○○	37	대졸	무직	○	
부	○○○	65	대졸	농업	○	
오빠	○○○	40	대졸	연구원		

(1) 가족사항 (사실상의 부부나 자녀도 기재하며 중한 질병 또는 장애가 있는 등 특별한 사정은 비고란에 기재)

○ 피고인의 오빠 ○○○은 결혼한 후부터는 피고인의 가족과는 인연을 끊고 사실상 부모님과 피고인만 현재 농가주택에서 살고 있습니다.

(2) 주거사항

자가 소유(시가 :   정도)

전세(보증금 : 원,   원)

월세(보증금 :   원)

기타(무상거주 : 부모님 소유의 농가주택에서 무상거주)

(3) 가족의 수입

○ 피고인의 아버님께서 농사일을 하시고 벌어들이는 수입이 계절마다 약간씩 다르지만 월 약 100여만 원의 수입이 있습니다.

나. 피고인의 학력·직업 및 경력

(1) 피고인의 학력

○ 피고인은 1993. 2.경 충청북도 청원에 있는 ○○초등학교를 졸업했습니다.

○ 피고인은 1996. 2.경 충청북도 보은에 있는 ○○여자중학교를 졸업했습니다.

○ 피고인은 1999, 2.경 충청북도 청주시에 있는 ○○여자고등학교를 졸업했습니다.

○ 피고인은 2002. 3.경 충청북도 청주에 있는 ○○대학교를 졸업하였습니다.

(2) 과거의 직업, 경력

　　○ 피고인은 2001. 10.부터 2003. 3.까지 청주시 상당구 ○○동 소재 주식회사 ○○실업에서 근무.

　　○ 피고인은 2004. 8.부터 2012. 12.까지 충청북도 충주시 소재에 있는 ○○건설 주식회사에 근무.

　　○ 피고인은 2013. 9.부터 2015. 8. 청주시 청원구에 소재하는 그○○화장품대리점 운영.

　　○ 현재는 시골에서 부모님의 농사일을 돕고 있습니다.

(3) 현재의 직업 및 월수입, 생계유지 방법

　　○ 피고인은 무직으로 시골에서 부모님의 농사일을 돕고 있으며, 부모님께서 농사일로 얻는 수입 월 100여만 원의 수입으로 전 가족이 생계를 유지하고 있습니다.

(4) 향후 취직을 하거나 직업을 바꿀 계획 유무 및 그 내용, 자격증 등 소지 여부

　　○ 아버님께서 여러 번의 대형수술을 받으시느라 가정형편이 매우 어려운 형편에서 피고인은 전공을 되살려 하루속히 취업을 하려고 가진 노력을 다하고 있습니다.

　　○ 머지않아 취업이 될 것으로 확신하지만 피고인으로서는 전공을 살릴 수 있는 ○○에만 열중하려고 합니다.

다. 성장과정 및 생활환경 (부모나 형제와의 관계, 본인의 결혼생활, 학교생활, 교우관계, 성장환경, 취미, 특기, 과거의 선행 등을 기재)

○ 피고인의 성격은 차분하면서도 활발하며 항상 남에게 베풀고 싶은 성격을 가지고 있습니다.

○ 힘든 분들을 위해 봉사한다는 생각으로 매사 적극적으로 추진해내려는 성격도 함께 지니고 있습니다.

○ 특히 주변 분들과 운동을 하는 등 건강은 양호하고 학교생활에서도 친구들과 정말 사이좋게 지내는 친구들이 주변에 상당히 많고 지금도 우리 친구들을 자주 만나고 좋은 교류를 하고 있습니다.

○ 피고인은 틈틈이 봉사활동을 해오고 있고 작은 금액이지만 성의껏 소외계층을 위해 꾸준히 기부 하려고 노력하고 있습니다.

라. 피고인 자신이 생각하는 자기의 성격과 장·단점

○ 피고인은 여자이지만 차분한 성격을 지니고 매사에 적극적인 의지를 가지고 있습니다.

4. 정상에 관한 의견(공소사실을 인정하지 않는 경우 기재하　지 않아도 됨)

가. 범행을 한 이유

○ 피고인은 친구들과 어울려 마시지도 못하는 술을 많이 마신 상태로 귀가하려고 걸어가고 있었는데 전혀 알지도 못하는 남자분이 다가와 피고인에게 피우지도 않는 담배를 하나 달라고 해서 담배를 피우지 않는다고 답하자 그 남자분이 괜히 시비를 붙고 욕설을 하는 바람에 시비가 되어 옥신각신하는 과정에서 누군가가 112신고를 하였고 출동한 경찰관에게 담배 달라고 시비를 붙은 사람이 그런 사실이 없다며 거짓말을 하고 마치 피고인이 불량한 여자깡패취급을 하는 것 같아서 항변하자 느닷없이 출동한 경찰관이 피고인만 유독 지구대로 연행하겠다며 팔을 잡아 끌어당기는 바람에 뿌리친 사실밖에 없었는데 그 경찰관은 피고인이 의도적으로 공무집행을 방해하고 경찰관의 손목을 손톱으로 꼬집어 상해를 입혔다는데 있습니다.

○ 피고인으로서는 결코 경찰관에게 폭행을 가하거나 공무집행에 항거하거나 폭력을 행사한 사실은 없습니다.

나. 피해자와의 관계

○ 전혀 모르는 분들이십니다.

다. 합의 여부 (미합의인 경우 합의 전망, 합의를 위한 노력 및 진행상황)

○ 없습니다.

○ 피해자가 있다면 응당 그에 대한 피해복구를 할 생각을 당연히 가지고 있습니다.

라. 범행 후 피고인의 생활

○ 피고인은 현재 시골에서 농사일을 하시는 부모님을 돕고 있고, 여기저기에 전공을 살려 취업하기 위해 열심히 노력하고 있습니다.

마. 현재 질병이나 신체장애 여부

○ 건강은 양호한 편입니다.

바. 억울하다고 생각되는 사정이나 애로사항

○ 피고인은 대취한 상태에서 일어난 일지만 여자가 그 것도 만취상태에 이런 일을 저지른데 대해서는 입이 열 개라도 할 말이 없습니다.

○ 만취상태로 자기 자신의 몸도 제대로 가누지도 못하는 피고인이 이에 편승하여 공무집행을 방해하고 나아가서는 경찰관을 손톱으로 상처를 냈다는 것은 피고인으로서는 상상할 수 없는 일이며 피고인은 강제적으로 연행하려는데 저지하기 위해서 뿌리친 것 밖에 없는데 만취한 사람을 공무집행방해 혐의로 몰아붙이며 마치 큰 범죄자로 낙인을 찍는 것은 정말 억울하게 생각합니다.

○ 피고인은 평소에 얌전한 숙녀입니다.

술을 너무나 많이 먹어 몸도 제대로 가누지도 못하는 여자인 저에게 흉악범으로 몰아붙이는 현실이 너무나 야속합니다.

○ 피고인이 잘했다는 것은 아니지만 만취상태에서 심신이 미약한 여성에게 이렇게 가혹한 처벌의 잣대를 들이대는 것은 정말 억울합니다.

사. 그 외형을 정함에 있어서 고려할 사항

○ 본건의 경우 피고인은 여성으로 범행 당시 만취되어 심신미약 상태에서 그 정도가 현저히 약하다 할 것이고, 현재까지의 재판실무상 본건과 유사한 수위의 동종 사안에서 그 형 종을 벌금형으로 선택하여 온 것에 비추어 피고인에게도 그 형 종으로 벌금형으로 선택하여 주실 것을 간곡히 호소합니다.

○ 또한 오늘날 공무집행에 대한 엄벌추세 등에 비추어 피고인에게는 범죄경력이 전혀 없고, 아직 젊은 나이에 곧 혼인을 앞두고 있는 여성으로서의 피고인에게 사회생활을 영위함에 있어 상당히 무거운 족쇄로 작용할 것이 자명한바, 한 순간의 실수를 행한 피고인에게 다시 한 번의 기회를 주신다는 의미에서 이번에 한하여 선고유예의 선처를 허락하여 주실 것을 아울러 간곡히 호소합니다.

○ 피고인의 경우에는 아무런 범죄전력이 없습니다.

○ 피고인에게는 재범위험성보다는 개선가능성이 현저히 높습니다.

○ 술기운에 취해 우발적으로 이뤄졌던 것입니다.

○ 혼인을 앞두고 있는 여성으로서의 피고인에게는 사회생활에 있어 사형선고를 내리는 것과 같습니다.

○ 피고인은 깊이 반성하고, 문제가 된다는 술까지 아예 끊겠다는 점 등을 감안하셔서 귀원께서 이상의 사정을 종합하여 법이 허용하는 범위 내에서 최대한의 선처와 관용을 베풀어 주실 것을 간곡히 부탁드립니다.

5. 양형을 위하여 조사해 주기를 바라는 사항

가. 피고인의 부모, 형제, 친척, 친구 등 양형조사를 해주기 바라는 사람의 이름과 연락처를 구체적으로 기재

○ 없습니다.

나. 피고인의 양형을 위하여 유리한 문서, 서류 기타 관련 증거 등에 관하여
구체적으로(소재지 등) 기재

○ 없습니다.

6. 법원조사관의 면담을 원하는지 여부

법원조사관을 면담하여 양형에 관한 사실 및 의견에 관하여 도움을 받고 싶은
가요?

(1) 원한다(   )

(2) 원하지 않는다(○)

(3) 기타(   )

○○○○ 년 ○○ 월 ○○ 일

위 피고인 : ○   ○   ○   (인)

청주지방법원 형사3단독 귀중

* 각 사항은 사실대로 구체적으로 기재하여야 하며, 기억나지 않는 부분은 기재하지 않아도 됩니다.
* 변호인이나 가족의 도움을 받아 작성할 수 있습니다.
* 진술을 거부하는 경우에는 그 뜻을 기재하여 제출할 수 있습니다.
* 지면이 부족하면 별도의 종이에 적어 첨부할 수 있으며, 참고할 만한 자료가 있으면 함께 제출하시기 바랍니다.

의　　견　　서

사　　　건 : ○○○○고단○○○○호　공무집행방해

피　고　인 : ○　　　○　　　○

홍성지원 형사 제○단독 귀중

의 견 서

사 건 : ○○○○고단○○○○호 공무집행방해

피 고 인 : ○ ○ ○

　이 의견서는 피고인의 진술권 보장과 공판절차의 원활한 진행을 위하여 제출하도록 하는 것입니다. 피고인은 다음 사항을 기재하여 이 양식을 송부 받은 날로부터 7일 이내에 법원에 제출하시기 바랍니다. 진술을 거부하는 경우에는 진술을 거부한다는 내용을 기재하여 제출할 수 있습니다.

　이 의견서는 피고인에 대한 양형자료로 사용될 수 있으니 양형에 참작할 유리한 내용이 있는 경우 빠짐없이 기재해 주시기 바랍니다.

1. 공소사실에 대한 의견

　가. 공소사실의 인정 여부

　　(1) 공소사실을 모두 인정함(　)

　　(2) 세부적으로 약간 다른 부분은 있지만 전체적으로 잘못을 인정함(○)

　　(3) 여러 개의 공소사실 중 일부만 인정함(　)

　　(4) 공소사실을 인정할 수 없음(　)

　　(5) 진술을 거부함(　)

　나. 공소사실을 인정하지 않거나{1의 가. (3), (4) 중 어느 하나를 선택한 경우}, 사실과 다른 부분이 있다고 하는 경우{1의 가. (2)를 선택한 경우}, 그 이유를 구체적으로 밝혀 주시기 바랍니다.

○ 피고인은 충청남도 홍성군 ○○로 ○○소재에서 작은 편의점을 운영하고 있습니다.

○ 편의점 앞에서 성명미상인 사람들이 ○○○○. ○○. ○○. ○○:○○경 서로 옳으니 그러니 하며 몸싸움을 했는데 피고인은 편의점 안에서 영업을 하는 바람에 소리는 들려도 싸움을 하는 모습을 제대로 목격을 하지 않았습니다.

○ 이에 주민 누군가가 지구대로 신고하여 경찰관이 출동을 했는데 사고를 수습하는 과정에서 싸움을 하던 사람 한 분이 피고인이 운영하는 편의점에서 술을 구입했고 편의점 앞에서 술을 마셨다고 진술을 했고, 그 중 한 사람은 미성년자로 밝혀져 출동한 경찰관이 피고인이 운영하는 편의점으로 와서 언제 그 싸움을 하던 미성연자에게 술을 팔았느냐고 물었습니다.

○ 피고인은 전혀 술을 팔지 않았고 모르는 사람이라고 항의를 하자 출동한 경찰관이 피고인을 계산대에서 나오라고 하더니 수많은 동네 분들이 보는 자리에게 지구대로 강제연행을 하려고 해서 피고인이 불법연행에 대한 항의하는 과정에서 편의점 밖으로 나가라며 신체적인 접촉만 있었을 뿐입니다.

○ 그런데 그 출동한 경찰관의 진술은 피고인이 의도적으로 공무집행을 방해하면서 출동한 경찰관을 떠밀고 어깨를 다치게 상해를 입혔다고 합니다.

○ 피고인이 출동한 경찰관의 질문에 순순히 응했고 또 술을 그 미성년자는 알지도 못하고 술을 팔지 않았다고 설명을 하였는데 CCTV를 확인하자고 해서 우리 편의점에는 크게 필요하지 않아 지금까지 CCTV를 설치하지 않고 영업을 해왔다고 하였더니 다짜고짜 출동한 경찰관이 피고인을 계산대 밖으로 나오라고 하더니 당시 편의점 내에는 손님들이 3~4명이 있었는데 지구대로 강제연행하려고 해서 피고인이 이를 거부하는 과정에서 신체적인 접촉이 있었을 뿐 편의점 내부는 경찰관과 피고인이 실랑이를 벌일 그러한 장소가 안 되는데 피고인이 경찰관을 밀치고 때렸다고 몰아붙

이는 것은 피고인이 강제연행에 항의했다는데 감정을 품고 피고인을 흉악
범으로 만들어 간 것은 너무나도 억울한 일입니다.

○ 조그마한 동네에서 그것도 24시간 편의점을 운영하는 피고인이 관할
지구대 소속의 경찰관과의 마찰을 하게 되면 손해를 볼 것이 자명한
일이고 구지 마찰을 빚을 이유가 없습니다.

○ 하늘을 두고 맹세할 수 있지만 결코 출동한 경찰관을 폭행하지 않았습니다.

○ 단지 피고인은 출동한 경찰관이 CCTV를 보자고 하여 설치하지 않았
다고 하자 느닷없이 계산대 밖으로 나오라고 하더니 피고인을 현행범
으로 취급하면서 지구대로 불법연행을 강행하려고 해서 불법연행을 항
의하는 과정에서 신체적인 접촉은 있었지만 이러한 피고인의 항의가
경찰관을 폭행한 것으로 이어져 공무집행을 방해한 것으로 피고인에게
불리한 방향으로 바뀐 데 대하여 억울하다 못해 누명을 벗어야겠다는
생각밖에 없습니다.

○ 무조건하고 공무수행 중인 경찰관과 실랑이를 버렸다는 것은 피고소인
의 불찰이자 큰 실수입니다.

○ 그러나 출동한 경찰관도 좀 더 장사를 하는 피고인의 입장을 고려하여
편안한 시간대에 찾아와 문의하거나 조사하고 과학적으로 피고인에게
장애가 없도록 고려하지 못한데서 비롯된 것인데 솔직하게 진술하고
잘못된 공소사실을 바로잡고 싶지만 재판장님께서 보실 때 피고인이
범행을 부인하는 것으로 비춰질까봐 간단하게 사실 있었던 그대로 사
건이 경위를 말씀드리게 되었습니다.

○ 그렇다고 해서 전적으로 피고인이 다 잘했다는 것은 아닙니다.

○ 피고인도 조금만 이해하고 참았으면 될 일이고 경찰관도 기분이 나쁘
더라도 현행범이 아닌 이상 피고인의 인격을 조금이라도 고려였다면
이런 일이 생길 이유가 없었을 것입니다.

○ 피고인은 지금 이 시간에도 후회하고 있습니다.

○ 이 사건의 발단은 피고인이 CCTV 설치와 관련하여 조금 기분이 나쁘게 말한 것은 듣는 사람에 따라 다르겠지만 피고인은 왜 설치하지 않았느냐 불법영업을 은폐하려는 의도로 설치하지 않은 것으로 다그치는데 감정을 억제하지 못하고 경찰관과 부딪쳤고 경찰관도 피고인의 입장을 고려해서 대했다면 서로 서로 조금씩만 상대에 대하여 너그럽게 대했다면 이러한 일 없었을 것으로 생각하면 왜 그렇게 못했는지 피고인은 가슴이 아픕니다.

○ 정상을 참작해 주실 것을 간곡히 호소합니다.

2. 절차진행에 대한 의견

가. 이 사건 이외에 현재 재판진행 중이거나 수사 중인 다른 사건이 있다면, 해당 수사기관이나 법원과 그 사건명, 당사자 명을 기재하여 주시기 바랍니다.

○ 없습니다.

나. 이 사건 재판을 진행하기 전에 법원에 이야기하고 싶은 특별한 사정이 있습니까?

○ 출동한 경찰관이 CCTV가 편의점에 설치하지 않았느냐고 했을 때 피고인이 지금까지 필요하지 않은 것 같아서 설치하지 않은 것이라고 반문을 했다고 해서 아무런 법적절차를 거치지 아니하고 다짜고짜 편의점 계산대에서 업무를 보고 있는 피고인에게 계산대 밖으로 나오라고 해서 나오자 느닷없이 지구대로 연행하겠다며 피고인의 잡아당기는 바람에 피고인은 불법연행에 대한 항의하는 차원으로 밀쳤던 것뿐입니다.

○ 피고인이 경찰관의 불법연행에 대한 거절하고 항의하면서 일어난 것이므로 공무를 방해하거나 경찰관을 의도적으로 밀치고 폭행을 가한 것은 절대로 아닙니다.

○ 아무리 경찰관이라 하더라도 경우가 있는 것이고 그래도 피고인이 동네에서 24시간 편의점을 운영하는 사람인데 손님들이 없을 때 연행을

하려했다면 순순히 이에 응했을지도 모르는데 당시 편의점에는 3명~4명이 물건을 고르고 있었기 때문에 이러한 장면을 보고소비자의 입장에서 피고인을 어떻게 생각할 것인지는 전혀 고려하지 않은 경찰관에게도 책임이 있습니다.

○ 그렇다고 해서 전적으로 피고인이 잘했다는 것은 아닙니다.

○ 툭하면 공무집행만 찾을 것이 아니라 정당한 공무집행을 하려면 일반 시민에게 배려하고 이해시켜 오해를 사지 않도록 했었다면 과연 피고인이 강제연행에 항의하지 않았고 지구대로 갈 수 있었습니다.

○ 전적으로 피고인에게만 문제가 있고 피고인은 경찰관의 불법적으로 연행을 하려는데 이해를 하지 못해 생긴 일을 가지고 공무집행이라는 이름으로 처벌의 잣대를 들이된다는 것에 쉽게 이해할 수 없고 불만을 가지고 있으므로 존경하는 재판장님께서 이 부분에 대하여 조금만 더 고민을 해 주셨으면 하는 마음 간절합니다.

○ 피고인은 지금까지도 뭐가 어떻게 되는 것인지 알 수 없는 상황에서 이 사건을 임하는 것입니다. 피고인의 당시에 처한 입장을 조금만 더 깊이 생각해 주시면 고맙겠습니다.

다. 이 사건 재판의 절차 진행에 있어, 법원에서 참작해 주기를 바라는 사항이 있으면, 구체적으로 밝혀 주시기 바랍니다.

○ 본건 공소사실에 대하여 대부분 인정하지만 검찰제출의 증거사용중에서 경찰관을 폭행했다는 부분에 대해서는 동의하지 않겠습니다.

3. 성행 및 환경에 관한 의견

가. 가족관계

(1) 가족사항 (사실상의 부부나 자녀도 기재하며 중한 질병 또는 장애가 있는 등 특별한 사정은 비고란에 기재)

관계	성 명	나이	학력	직업	동거여부	비 고
본인	○○○	44	대졸	자영업	○	
처	○○○	46	대졸	자영업보조	○	
자	○○○	14	재학중	학생	○	
자	○○○	11	재학중	학생	○	

○ 피고인이 24시간 편의점을 운영하고 식사시간이나 틈틈이 처가 피고인의 편의점에서 보조업무를 보고있습니다.

(2) 주거사항

○ 자가 소유(시가 :   정도)

○ 전세(보증금 : 9,000만 원, 월세 21만 원)

○ 월세(보증금 :   원)

○ 기타(무상거주 :   )

※ 피고인이 거주하는 위 아파트는 작은방 1개 안방 1개로 이루어져 있는데 안방은 피고인의 부부가 사용하고 작은방에서는 아들 형제들이 생활하고 있습니다.

(3) 가족의 수입

○ 피고인은 위 24시간 편의점을 운영하여 벌어들이는 수입이 계절마다 약간씩 다르지만 월 약 400여만 원의 수입이 있습니다.

※ 피고인의 처는 피고인의 벌어들이는 수입으로 같이 합산한 금액이며 처에게는 수입이 없는 것으로 기재한 것입니다.

나. 피고인의 학력·직업 및 경력

　(1) 피고인의 학력

　　○ 피고인은 ○○○○. ○○.경 충청남도 대천에 있는 ○○초등학교를 졸업했습니다.

　　○ 피고인은 ○○○○. ○○.경 충청남도 홍성에 있는 ○○중학교를 졸업했습니다.

　　○ 피고인은 ○○○○. ○○.경 대전광역시 ○○구 ○○에 있는 ○○고 등학교를 졸업했습니다.

　　○ 피고인은 ○○○○. ○○.경 대전광역시 ○○구 ○○에 있는 ○○대 학교 전산공학과를 졸업하였습니다.

　(2) 과거의 직업, 경력

　　○ 피고인은 ○○○○. ○○.부터 ○○○○. ○○.까지 대전광역시 ○○ 구 ○○로 ○○○, 소재 주식회사 ○○건설에서 관리팀에서 근무.

　　○ 피고인은 ○○○○. ○○.부터 현재까지 충청남도 홍성군 ○○○로 ○길 ○○, 소재에 있는 ○○편의점이라는 상호로 편의점을 운영하 고 있는 자영업자입니다.

　(3) 현재의 직업 및 월수입, 생계유지 방법

　　○ 피고인은 충청남도 홍성군 ○○○로 ○길 ○○, 소재에 있는 ○○ 편의점을 운영하고 매월 얻는 월 400만 원의 수입으로 생계를 유 지하고 있습니다.

　　○ 피고인은 매월 약 400만 원의 수입에서 월세와 아이들의 학비 등으 로 약 250여만 원을 지출하고 생활비로 약 100만 원을 지출한 나머 지 약 50여만 원씩 농업에 적금을 들고 적금을 납입하고 있습니다.

　(4) 향후 취직을 하거나 직업을 바꿀 계획 유무 및 그 내용, 자격증 등 소지 여부

○ 피고인은 아직까지는 직업을 바꿀 계획은 없습니다.

○ 앞으로 좀 더 큰 대형마트를 운영하는 것이 소박한 꿈이고 이 꿈을 이루기 위해서 더 열심히 벌어서 적금을 납인하는 액수를 널리고 꼬박꼬박 적금을 납입하고 있습니다.

○ 피고인이 보유하고 있는 자격증은 건축기사 2급 자격증과 운전면허자격증이 있고 한식 요리사자격증도 취득해 보우하고 있습니다.

다. 성장과정 및 생활환경 (부모나 형제와의 관계, 본인의 결혼생활, 학교생활, 교우관계, 성장환경, 취미, 특기, 과거의 선행 등을 기재)

○ 피고인의 성격은 어려서부터 차분하면서도 활발하며 항상 남에게 베풀고 싶은 성격을 가지고 있습니다.

○ 항상 힘든 분들을 위해 봉사한다는 생각으로 매사 적극적으로 추진해 내려는 성격도 함께 가지고 있습니다.

○ 특히 주변 분들과 운동을 하는 등 건강은 매우 양호하고 학교생활에서도 특히 친구들과 정말 사이좋게 지내는 성격이라 친구들이 주변에 상당히 많은 편이고 지금도 우리 친구들을 피고인이 운영하는 편의점에 와서 함께 지내다 돌아갈 정도로 돈독하게 좋은 교류를 하고 있습니다.

○ 피고인은 틈틈이 봉사활동을 해오고 있고 작은 금액이지만 성의껏 소외계층을 위해 꾸준히 기부 하고 있습니다.

라. 피고인 자신이 생각하는 자기의 성격과 장·단점

○ 피고인은 원래부터 어른들이 항상 여자 같은 차분한 성격을 지니고 있다고 하지만 매사에 적극적인 의지까지 겸비하고 자부할 수 있습니다.

4. 정상에 관한 의견(공소사실을 인정하지 않는 경우 기재하 지 않아도 됨)

가. 범행을 한 이유

○ 피고인이 운영하는 위 편의점에서 약 30미터 정도 떨어진 곳에서 두 사

람이 싸움이 있었지만 편의점에는 피고인이 혼자 근무하고 있었기 때문에 창문 밖으로 볼 수밖에 없었는데 조금 자나서 경찰관이 출동했고 싸움을 하던 사람 중에 한 사람이 미성년자인데 술을 마신 것으로 들어나 경찰관이 추문하자 그 미성년자가 피고인이 운영하는 마트에서 술을 사서 마셨다고 거짓말을 하는 바람에 사건의 발달이 되었습니다.

○ 피고인은 저 미성년자에게 술을 판매한 사실이 없었기 때문에 대수롭지 않게 생각하고 장사하고 있었는데 그 경찰관이 편의점으로 찾아와 방금 저 앞에서 싸움하던 미성년자에게 술을 팔았느냐고 해서 피고인은 얼굴도 모르고 술을 팔지 않았다고 하자 다짜고짜 경찰관이 피고인에게 CCTV를 보자고 해서 피고인은 지금까지 별로 필요하지 않아서 CCTV를 설치하지 않았다고 말하자 경찰관이 피고인에게 계산대 밖으로 나오라고 해서 계산대 밖으로 나가자 느닷없이 피고인을 갑아 당기면서 지구대로 연행하겠다고 해서 피고인은 불법연행에 대한 항의하는 차원에서 항의를 하면서 약간의 신체접촉이 있었던 것이지 결코 폭행이 없었습니다.

○ 피고인이 운영하는 24시간 편의점의 내부는 피고인과 경찰관이 실랑이를 벌일 정도로 장소가 너무 좁아서 그러한 장소가 되지 못됩니다.

○ 피고인은 앞에서도 누차에 말씀드렸다시피 결코 경찰관에게 폭행을 가하거나 공무집행에 항거하거나 폭력을 행사한 사실 추호도 없었습니다.

나. 피해자와의 관계

○ 전혀 모르는 분들이고 출동한 경찰관입니다.

다. 합의 여부(미합의인 경우 합의 전망, 합의를 위한 노력 및 진행상황)

○ 없습니다.

○ 피해자 있다면 응당 그에 대한 피해복구를 할 생각을 당연히 가지고 있습니다.

○ 그러나 피고인으로서는 같은 동네에서 편의점을 운영하면서 가깝게 있는 지구대와의 사이가 벌어지는 것을 원하지 않아서 그래도 좋은 것이 좋겠다는 생각으로 잘잘못을 떠나 피고인으로 하여금 심기를 끼친

데 대하여 죄송한 마음으로 수차례에 걸쳐 지구대로 찾아갔지만 출동한 경찰관을 만나지 못하고 있던 중 최근에 그 출동한 경찰관을 만나 정중하게 사과하고 다친 곳이 있으면 치료도 해드리고 합의를 해줄 것을 부탁드렸든 바, 그 출동한 경찰관은 전혀 피해 입이 없다며 합의를 할 성질이 아니라고 하시는 바람에 그냥 돌아왔습니다.

○ 그 후로도 피고인으로서는 피고인이 그 출동한 경찰관이 근무하는 지구대로 찾아가 3시간이 넘도록 기다렸다가 겨우 만나서 용서를 구하고 다시는 이러한 일이 없도록 하겠다고 무릎까지 꿇고 용서를 빌고 또 합의를 해달라고 부탁드렸는데 끝내 출동한 경찰관은 피해 입은 사실이 없는데 무슨 합의냐고 하면서 합의 같은 것은 필요 없다고 하시는 바람에 또 그냥 돌아오고 말았습니다.

라. 범행 후 피고인의 생활

○ 피고인은 현재 지나간 일을 모두 잊고 지금 이 시간에도 24시간 편의점에서 열심히 일하고 있습니다.

마. 현재 질병이나 신체장애 여부

○ 건강은 양호한 편입니다.

바. 억울하다고 생각되는 사정이나 애로사항

○ 피고인으로서는 조금만 이해하고 서로 조금만 양보했더라면 이러한 일이 생기지 않았을 텐데 감전을 억제하지 못한데 대하여 진심으로 사죄드리고 저에 대한 잘못을 뼈저리게 후회하고 있습니다.

○ 그 순간 감정을 억제하지 못하고 실수를 저지른데 대하여 입이 열 개라도 할 말이 없습니다.

○ 그러나 피고인은 출동한 경찰관을 폭행하고 공무집행을 방해하였다는 것은 아직까지 이해가 안 갑니다.

○ 피고인이 죽을죄를 지은 것도 아닌데 느닷없이 손님들이 보고 있는 자

리에서 지구대로 강제연행을 하겠다고 잡아당기는 것을 피고인으로서는 강제연행을 당하기 싫어서 항의하고 저지하는 수단으로 피고인과 신체적으로 접촉만 있었던 것인데 이것을 공무집행방해 혐의로 몰아붙이고 마치 큰 범죄자로 낙인을 찍는 것은 정말 억울합니다.

○ 피고인이 강제연행에 항의했다고 해서 공무집행을 방해하고 또 경찰관을 폭행한 그런 흉악범으로 몰아붙이는 현실이 너무나 야속합니다.

○ 피고인이 무조건 다 잘했다는 것은 아닙니다. 피고인도 강제연행을 항의하는 과정에서 감정을 억제하지 못했다고 해서 피고인에게 이렇게 가혹한 처벌의 잣대를 들이대는 것은 억울합니다.

사. 그 외형을 정함에 있어서 고려할 사항

○ 이 사건의 경우 피고인을 강제연행을 저지하기 위한 약간의 신체적 접촉이 있었을 뿐이고, 순식간에 일어난 범행으로 그 정도가 현저히 약하다 할 것이고, 현재까지의 재판실무상 이 사건과 유사한 공무집행방해죄에 대한 수위의 동종 사안에서 그 형 종을 벌금형으로 선택하여 온 것에 비추어 피고인에게도 그 형 종으로 벌금형으로 선택하여 주실 것을 간곡히 호소합니다.

○ 공무집행방해에 대한 엄벌추세 등에 비추어 피고인에게는 범죄경력이 전혀 없다는 점, 아직 젊은 나이에 자영업을 통하여 가족을 부양해야 하는 등 피고인에게 사회생활을 영위함에 있어 상당히 무거운 족쇄로 작용할 것이 자명한바, 한 순간의 실수를 행한 피고인에게 다시 한 번의 기회를 주신다는 의미에서 이번에 한하여 선고유예의 선처를 허락하여 주실 것을 아울러 간곡히 호소합니다.

○ 피고인에게는 그 어떤 범죄전력은 없습니다.

○ 피고인에게는 재범위험성보다는 개선가능성이 현저히 높습니다.

○ 순간적으로 강제연행에 항의하는 과정에서 이뤄졌던 것입니다.

○ 피고인은 진지한 반성을 하고 있고 다시는 이러한 일 없도록 하겠다는

재발방지의 서약 등을 감안하셔서 귀원께서 이상의 사정을 종합하여 법이 허용하는 범위 내에서 최대한의 선처와 관용을 베풀어 주실 것을 간곡히 부탁드립니다.

5. 양형을 위하여 조사해 주기를 바라는 사항

　가. 피고인의 부모, 형제, 친척, 친구 등 양형조사를 해주기 바라는 사람의 이름과 연락처를 구체적으로 기재

　　○ 없습니다.

　나. 피고인의 양형을 위하여 유리한 문서, 서류 기타 관련 증거 등에 관하여 구체적으로(소재지 등) 기재

　　○ 없습니다.

6. 법원조사관의 면담을 원하는지 여부

　법원조사관을 면담하여 양형에 관한 사실 및 의견에 관하여 도움을 받고 싶은가요?

　(1) 원한다(　　)

　(2) 원하지 않는다(○)

　(3) 기타(　　)

○○○○ 년 ○○ 월 ○○ 일

위 피고인 : ○　○　○　　(인)

홍성지원 형사 제○단독 귀중

의　　　견　　　서

사　　　　　건 : ○○○○고단○○○○호　공무집행방해

피　고　인 : ○　　　　○　　　　○

수원지방법원 형사○단독 귀중

의 견 서

사 　 건 : ○○○○고단○○○○호　공무집행방해
피 고 인 : ○　　　○　　　　○

　이 의견서는 피고인의 진술권 보장과 공판절차의 원활한 진행을 위하여 제출하도록 하는 것입니다.

　피고인은 다음 사항을 기재하여 이 양식을 송부 받은 날로부터 7일 이내에 법원에 제출하시기 바랍니다.

　진술을 거부하는 경우에는 진술을 거부한다는 내용을 기재하여 제출할 수 있습니다.

　이 의견서는 피고인에 대한 양형자료로 사용될 수 있으니 양형에 참작할 유리한 내용이 있는 경우 빠짐없이 기재해 주시기 바랍니다.

1. 공소사실에 대한 의견

　가. 공소사실의 인정 여부

　　(1) 공소사실을 모두 인정함(　)

　　(2) 세부적으로 약간 다른 부분은 있지만 전체적으로 잘못을 인정함(○)

　　(3) 여러 개의 공소사실 중 일부만 인정함(　)

　　(4) 공소사실을 인정할 수 없음(　)

　　(5) 진술을 거부함(　)

나. 공소사실을 인정하지 않거나{1의 가. (3), (4) 중 어느 하나를 선택한 경우}, 사실과 다른 부분이 있다고 하는 경우{1의 가. (2)를 선택한 경우}, 그 이유를 구체적으로 밝혀 주시기 바랍니다.

○ 피고인은 평소에는 소주 1병 미만 술을 먹는 편이지만 사건 당일에는 술을 소주 3병정도 마시는 바람에 저 자신을 컨트롤하기 힘들어지는 상황에서 이 사건 범행이 발생 하였고 당일에도 피고인의 처가 경찰서로 나와 귀가한 것으로 기억은 나지만 그전 범행 상황에 대해서는 대부분 기억에 나지 않습니다.

○ 사건 당일 중소기업을 운영하는 사장님에게 고마움에 대한 대접하는 자리로 수원시 ○○구 ○○로길 ○○, 4거리에 있는 ○○식당에서 ○○:○○부터 저녁식사 없이 소주 2병씩 마신 상태였으며 2차로 자리를 옮겨 추가로 소주 1병씩을 더 먹는 바람에 만취 상태가 되어 몸도 가누기 어려운 상태로 사장님을 댁까지 모셔다 드리기 위하여 택시를 타고 장안구 ○○아파트 앞까지 도착하여 사장님을 깨웠으나 일어나지 않아 택시 기사께서 경찰 도움을 받기 위해 112로 전화했으며 출동한 경찰관은 만취한 사장님을 깨워 집까지 택시기사에게 부탁하여 보내고 나서 피고인에게도 귀가 하라고 하니 갑자기 욕을 하면서 가슴으로 출동한 경찰관의 가슴을 두 번 밀쳤다고 공무집행 방해로 지구대로 연행하였다고 하였으나 피고인은 만취상태로 그 사실을 인지하지 못하고 ○○경찰서 사건 조사를 받은 후 피고인의 처와 귀가한 후 그 다음날 피고인의 처가 사건 개요를 알려줘서 알게 되었습니다.

○ 이번 사건을 대하면서

피고인은 출동 경찰관이 귀가하라고 했는데 왜 갑자기 욕을 하고 가슴으로 경찰관이 가슴을 밀었는지 피고인으로서는 이해하기가 어려운 부분이며 당시 피고인은 주량을 초과하여 심신이 미약한 상태에서 생긴 것임에도 불구하고 마치 의도적으로 욕을 하고 범행을 저지른 것으로 오해를 일으킬 수 있는 부분을 솔직하게 재판장님께 진술하고자 하는 마음이 간절할 뿐입니다.

자칫 잘못하면 재판장님께 범행을 부인하는 것으로 비춰질까봐 간단하게 생각나는 대로 사건의 범행동기를 말씀드렸습니다.

부디 술이 과해서 심신이 미약한 상태에서 생긴 의도치 않게 발생한 실수이오니 정상 참작해 주실 것을 간곡히 호소합니다.

○ 이유여하를 막론하고 피고인이 ○○평생을 살아오면서 술을 먹고 이런 실수를 저지른 것은 창피하고 부끄러운 일입니다.

이점에 대해서는 입이 열 개라도 할 말이 없습니다.

정말 죄송하게 생각합니다.

2. 절차진행에 대한 의견

가. 이 사건 이외에 현재 재판진행 중이거나 수사 중인 다른 사건이 있다면, 해당 수사기관이나 법원과 그 사건명, 당사자 명을 기재하여 주시기 바랍니다.

○ 없습니다.

나. 이 사건 재판을 진행하기 전에 법원에 이야기하고 싶은 특별한 사정이 있습니까?

○ 피고인은 이 사건 이후로 술을 먹지 않고 있으며, 또 다시 이런 일이 발생치 않도록 금주하고 있습니다.

○ 이제는 술로 인해 추한 가장이 모습을 보이지 않겠습니다.

○ 피고인으로 인하여 피해자 분께서 마음의 상처를 입었다면 다 시 한번 사죄의 말씀드리고 용서할 때 까지 반성하는 마음으로 살아가겠습니다.

다. 이 사건 재판의 절차 진행에 있어, 법원에서 참작해 주기를 바라는 사항이 있으면, 구체적으로 밝혀 주시기 바랍니다.

○ 본건 공소사실에 대하여 검찰제출의 증거사용에 동의하겠습니다.

3. 성행 및 환경에 관한 의견

가. 가족관계

(1) 가족사항 (사실상의 부부나 자녀도 기재하며 중한 질병 또는 장애가 있는 등 특별한 사정은 비고란에 기재)

관계	성명	나이	학력	직업	동거여부	비고
본인	○○○	○○	대졸	회사원	○	
처	○○○	○○	대졸	자영업	○	
자녀	○○○	○○	대졸	회사원	○	
자녀	○○○	○○	재학중	학생	○	

(2) 주거사항

자가 소유(시가 : ○억 원 정도)

전세(보증금 : 원, 원)

월세(보증금 : 원)

기타( )

(3) 가족의 수입

○ 본인 : ○○○만원

○ 처 : ○○○만원

○ 장녀 : ○○○만원

나. 피고인의 학력·직업 및 경력

(1) 피고인의 학력

   ○ 피고인은 ○○○○년 ○○월경 ○○도 ○○에 있는 ○○초등학교를 졸업했습니다.

   ○ 피고인은 ○○○○년 ○○월경 ○○도 ○○에 있는 ○○중학교를 졸업했습니다.

   ○ 피고인은 ○○○○년 ○○월경 ○○도 ○○에 있는 ○○공업고등학교를 졸업했습니다.

   ○ 피고인은 ○○○○년 ○○월경 ○○○에 있는 ○○대학교를 졸업하였습니다.

(2) 과거의 직업, 경력

   ○ 피고인은 ○○○○. ○○.부터 ○○○○. ○○. ○○.까지 ○○도 ○○군 ○○로 소재 주식회사 ○○○○에서 근무.

   ○ 피고인은 ○○○○. ○○.부터 현재까지 ○○도 ○○시 소재에 있는 ○○○○ 주식회사 서울사무소에 근무 중.

(3) 현재의 직업 및 월수입, 생계유지 방법

   ○ 피고인은 주식회사 ○○○○ 서울사무소 책임자로 ○○년 동안 근무하고 있으며 월 ○○○여만 원의 수입으로 차녀의 대학 학자금 및 전 가족이 생계를 유지하고 있습니다.

(4) 향후 취직을 하거나 직업을 바꿀 계획 유무 및 그 내용, 자격증 등 소지 여부

   ○ 현재 주식회사 ○○○○에 ○○년 동안 근무 중.

다. 성장과정 및 생활환경 (부모나 형제와의 관계, 본인의 결혼생활, 학교생활, 교우관계, 성장환경, 취미, 특기, 과거의 선행 등을 기재)

   ○ 피고인의 ○○도 ○○이라는 시골에서 ○형제 중 차남으로 태어 났으

며 부모님은 법 없이도 살아갈 수 있는 분들로 가난과 어려운 환경 속에서도 우리 형제를 대학까지 보낼 정도로 자식들을 사랑 하셨으며 항상 정직하게 세상을 살아갈 수 있도록 엄격하면서도 부드러운 분이십니다.

○ 부모님이 항상 하시는 말씀이 형제들끼리는 우애하고 어려움을 함께 나누며 서로의 힘이 되라는 유지를 받들어 형제 중 막내는 최근에 병사하고 나머지 형제는 서로 우애하고, 서로 도우며 열심히 살아가고 있습니다.

○ ○○○○. ○○. ○○. 지금의 아내를 만나 결혼했으며 신혼 초기에는 서로가 다른 환경, 다른 가정에서 서로가 다르다는 인식을 하지 못하여 트러블도 가지면서 서로를 이해하게 되었으며, 아내의 권유로 믿음을 같이 공유하게 되었으며, 남부럽지 가정을 만들기 위해 서로 노력하며 살아왔습니다.

○ 혼자 시작한 피고인에게 처라는 소중한 사람도 생기고 이제는 예쁜 딸을 둔 가장으로서 한 가정을 이루고 보니 서로의 주장들이 서로를 더 이해하게 되고, 사랑하게 되면서 살아가는 방법을 터득해 나가는 화목한 가정입니다. 가정을 꾸리면 친구가 멀어진다는 이야기가 있지만 피고인에게는 시골 친구들이 많고, 초등학교 동창들까지 무루 만나면서 지금도 서로의 안부를 물으며 더불어 세상을 살아가고 있습니다.

○ 피고인이 성격은 차분하고, 내성적인 성격이었지만 대학시절 친구의 권유로 외향적인성격으로 많이 변하였으며, 원칙을 지키며 살아가고 있으며, 운동을 좋아해서 50대 초반까지는 축구 동호회에서 운동하는 것을 좋아 했습니다.

라. 피고인 자신이 생각하는 자기의 성격과 장·단점

○ 피고인은 차분하게 분석하고 냉정한 판단을 하여 추진을 하지만 잘못된 부분은 인정하고 다시 시작하는 성격이지만 거절을 잘 못하는 단점도 갖고 있습니다.

4. 정상에 관한 의견(공소사실을 인정하지 않는 경우 기재하 지 않아도 됨)

　가. 범행을 한 이유

　　○ 피고인은 지인과 어울려 저녁도 먹지 않은 상태에서 1차에서 술을 2
　　　병씩 나눠 마시고 자리를 옮겨 추가로 1병씩을 더 마신 만취한 상태
　　　로 거래처 사장님을 집까지 모셔다 드리기 위해 택시를 타고 같이 사
　　　장님의 집 앞에 도착했는데 사장님께 일어나지 않는 바람에 기사 분
　　　께서 112 도움을 받고자 전화하여 피해자인 경찰관이 출동 하였으며
　　　출동한 경찰관은 사장님을 깨워 집으로 귀가 시키고 피고인에게도 귀
　　　가를 종용하였으나 갑자기 욕설을 하며 가슴으로 피고인을 두 번 밀
　　　쳤다는 내용으로 공무집행방해죄로 피고인을 연행하려 하여 ○○경찰
　　　서로 가서 조사를 받고 피고인의 처가 ○○경찰서로 와서 귀가 한 외
　　　에는 제대로 기억하지 못하고 있습니다.

　나. 피해자와의 관계

　　○ 전혀 모르는 분입니다.

　다. 합의 여부 (미합의인 경우 합의 전망, 합의를 위한 노력 및 진행상황)

　　○ 아직 합의를 하지 못하였습니다.

　　○ 피고인은 경찰서까지 연행되어 조사를 받았다는 것만 보더라도 피해자
　　　분께 잘못한 것 같아서 용서를 빌고 사죄하기 위하여 ○○○○. ○○.
　　　○○. 18:20경 피해자께서 근무하는 ○○지구대로 찾아갔으나 비번이
　　　라는 말만 듣고 만나지 못하고 그냥 돌아왔습니다.

　　○ 다시 그 다음날 ○○:○○경 음료수 박스를 사들고 찾아갔으나 현장으
　　　로 출동 중이라고 하여 3시간이 넘도록 기다렸으나 끝내 만나지 못하
　　　고 또 그냥 돌아왔습니다.

　　○ 그 다음날 피고인은 또 지구대로 피해자 분을 찾아갔는데 만났고   피

고인은 지구대 시멘트 바닥에 무릎을 꿇고 다시는 이런일 없도록 하
겠다며 사죄하고 용서를 빌었습니다.

○ 그러자 피해자께서는 피고인이 욕설을 한데 대하여 마음의 상처를 받
았다고 하면서 좋은 말씀까지 해 주셨습니다.

라. 범행 후 피고인의 생활

○ 피고인은 현재 직장에 충실히 다니고 있으며, 다시 실수를 저지르지
않기 위하여 술도 금주한 상태이며, 매일 마음으로 용서를 빌고자 노
력하고 있습니다.

마. 현재 질병이나 신체장애 여부

○ 건강은 만성 고혈압 과 당뇨로 인하여 약을 복용하고 있습니다.

바. 억울하다고 생각되는 사정이나 애로사항

○ 없습니다.

사. 그 외형을 정함에 있어서 고려할 사항

○ 없습니다.

5. 양형을 위하여 조사해 주기를 바라는 사항

가. 피고인의 부모, 형제, 친척, 친구 등 양형조사를 해주기 바라는 사람의 이
름과 연락처를 구체적으로 기재

○ 없습니다.

나. 피고인의 양형을 위하여 유리한 문서, 서류 기타 관련 증거 등에 관하여
구체적으로(소재지 등) 기재

○ 없습니다.

6. 법원조사관의 면담을 원하는지 여부

법원조사관을 면담하여 양형에 관한 사실 및 의견에 관하여 도움을 받고 싶은 가요?

(1) 원한다(   )

(2) 원하지 않는다(○)

(3) 기타(   )

〇〇〇〇 년 〇〇 월 〇〇 일

위 피고인 : 〇 〇 〇   (인)

수원지방법원 형사〇단독 귀중

* 각 사항은 사실대로 구체적으로 기재하여야 하며, 기억나지 않는 부분은 기재하지 않아도 됩니다.
* 변호인이나 가족의 도움을 받아 작성할 수 있습니다.
* 진술을 거부하는 경우에는 그 뜻을 기재하여 제출할 수 있습니다.
* 지면이 부족하면 별도의 종이에 적어 첨부할 수 있으며, 참고할 만한 자료가 있으면 함께 제출하시기 바랍니다.

▣ 편 저 대한법률콘텐츠연구회 ▣

(연구회 발행도서)

· 지급명령 이의신청서 답변서 작성방법
· 새로운 고소장 작성방법 고소하는 방법
· 민사소송 준비서면 작성방법
· 형사사건 탄원서 작성 방법
· 형사사건 양형자료 반성문 작성방법
· 공소장 공소사실 의견서 작성방법
· 불기소처분 고등법원 재정신청서 작성방법
· 불 송치 결정 이의신청서 재수사요청

음주운전
공무집행방해
의견서 작성방법

2024년 03월 20일 인쇄
2024년 03월 25일 발행

편 저   대한법률콘텐츠연구회
발행인 김현호
발행처 법문북스
공급처 법률미디어

주소   서울 구로구 경인로 54길4(구로동 636-62)
전화   02)2636-2911~2, 팩스 02)2636-3012
홈페이지 www.lawb.co.kr

등록일자 1979년 8월 27일
등록번호 제5-22호

ISBN   979-11-93350-32-4(13360)

정가   24,000원

이 도서의 국립중앙도서관 출판예정도서목록(CIP)은 서지정보유통지원시스템 홈페이지(http://seoji.nl.go.kr)와 국가자료종합목록 구축시스템(http://kolis-net.nl.go.kr)에서 이용하실 수 있습니다.